割烹よし田の
かんたん家庭ごはん

割烹よし田 2代目社長
吉田泰三

KADOKAWA

はじめに

時短しながらおいしく作れる
「割烹の知恵」をお教えします。

いらっしゃいませ。福岡の中心部・天神の地で、1963年に創業した割烹料理「よし田」の社長、吉田泰三です。

「割烹」という言葉の意味をみなさんはご存じですか？
　割烹とは、「割く」「烹る」からきたもので、江戸時代にできた会席料理に対し、京都あたりの上方料理を割烹と呼んだのが始まりと伝わっています。
　そうした割烹料理と家庭料理とは、予算、技術、材料に違いはあっても、そのときどきの材料を工夫し、心を込め、できたてを食べてもらうなど、共通点はいくつもあります。**私はどこの家にもある材料に、ちょっとした割烹の技を加えて料理動画の発信を始めました。**すると、多くの反響をいただくようになりました。

　フライパンで手早く作るレシピが何百万回も再生される一方、下ごしらえの動画にも「こんなことをしているなんて驚き！」とのお声をいただきます。世は時短ブームでも、みなさんのご興味は、**便利さや手間を省く方法だけにあるのではなかったのです。**
　そして何より私がうれしかったのは、「お店のSNSを見て私も料理を作ってみました！」とのお声をかけていただくようになったこと。一度も料理を作ったことのなかったご主人が奥さまに初めて料理を作ったとお聞きしたときには、「この料理なら作れそうだ」と思っていただけたことがありがたく、やってきてよかったなあと思いました。

　私もみなさんと同じように仕事を終え、帰宅してから料理を作ります。疲れているしお腹はぺこぺこ。市販品の助けも借ります。
　でも、そうやって作るなかでも、**プロの料理人にはどうしてもはずせないポイント**があります。急がば回れで、それにより**おいしさに最短でアプローチできる、いわば究極の"時短"。**そんな割烹のひと手間を足した料理を、私は「家庭割烹」と名づけました。
　技の数々を落とし込み、一生もののレシピにしてまとめたのが本書です。肉や魚はもちろん、**旬の野菜を味わえるものもボリュームたっぷりに収録しています。**
　いつもの料理が格上げされる「家庭割烹」の品々。くり返し作ってみてくださいね。

いつもの料理がカンタンに
プロの味になる４つの理由。

１ スーパーの食材を「割烹の知恵」で格上げ

　店で供する料理は、そのときどきの最もよい食材を求め、ていねいにだしを取り、「鯛塩」のような手のかかる調味料をゼロから作ることもしばしば。そうやってひと皿の完成度を極限まで高めるからこそ、お客様から感動と信頼をいただけるのです。

　でも、店の料理と家で食べる料理はむろん別もの。限られた時間で毎日作る家庭料理は、手に入りやすい材料でカンタンに作れることが最も大切なので、省ける工程があればどんどん省いてかまわないと私は思います。それを助けてくれる市販のだしや調味料も、ずいぶんおいしいものが出てきました。

　そうやって作りながらも、たとえば鶏の唐揚げは「余分な脂を取り除き、２度揚げ」といったプロの技を足すと、ぐんとおいしくなります。この本では、「割烹の知恵」として紹介しています。まずは一品、気軽に作ってみてください。

2 フライパンひとつで料理の9割を作ります

　私は、SNSで発信している料理のほとんどを、フライパンひとつで作っています。フライパンはどこにでもある直径26cmのものです。テフロン加工だから、料理がこびりつかずにきれいに仕上がり、ちょっと深めなら、焼く・炒める・煮る・ゆでる・蒸す・揚げるがひとつでできます。使う道具が少なければ、洗いものも減らせますよね。

　ただし、フライパンは水分が蒸発しやすいので、落とし蓋の使い方にはこつがあります。野菜を煮るときは、具材に密着して味がしみ込みやすいキッチンペーパーを使ってください。魚のあら炊きなどは、煮立った煮汁が蓋にぶつかることで煮汁が全体に回るため、蓋と具材が密着せず、ほどよい隙間ができるアルミホイルか厚めのキッチンタオルを使いましょう。

　包丁は、安いものでもかまいませんが、切れない包丁だと繊維がつぶれてしまい、そこから旨みが逃げてしまいます。切れ味は料理の味にかかわりますので、包丁だけは研いでおき、素材の味を最大限に引き上げてください。

3 下処理は裏切らない！絶対にやってほしいのです

　プロの味にするには、スーパーで買える食材と調味料でいいし、特別な道具は何も必要ありません。でも、下処理だけは、ぜひこの本の通りに一度やってみてください。

　たとえば、もやしのひげ取りは少々時間がかかりますが、このひと手間で料理の味も見た目も食感も格段にアップします。SNSのフォロワーのみなさんに驚かれた肉や魚を熱湯にくぐらせる霜降り（P33）も、プロの料理人からすると絶対にはずせない工程です。「煮てからアクを取ればいいのでは？」と思われるかもしれませんが、あとからアクを取り除いたものと、最初からアクが出ないよう下処理をして作ったものとでは、最後の味に決定的な差が出ます。

　料理は、作り始めの入口がポイントです。最初に素材についた汚れ、味を損なうもの、不要なものは、できるだけ取り除くことを心がけてください。少し面倒ですが、結果的に、おいしさに最短でアプローチできますよ。

4

まずは酒。甘みは塩みより先に入れるのが肝心です

　家庭料理の作り方は千差万別で、正解も間違いもありません。ただ、調味料を入れる順番は基本となるものがあり、順番が違うと、同じ分量の調味料を入れても、味は変わります（ただし合わせ調味料はその限りではありません）。

　まず入れるのは「酒」です。最初に入れることで、素材の臭みを取り、味をしみ込みやすくします。次に入れるのが「砂糖」と「みりん」。砂糖には、素材をやわらかくして味を浸透しやすくする効果があるので、入れたら少し時間をかけて素材によくなじませ、味のベースを作りましょう。みりんには素材を引き締める働きがあるので、野菜の煮ものや煮魚には砂糖でなくみりんを入れると、煮くずれ防止にもなりますよ。

　そして「塩」です。塩は砂糖より早く素材に浸透し、そのあと砂糖を入れても食材になじみにくくなります。下処理などで使う塩の量は慎重に。最後に入れるのは「酢」「しょう油」「みそ」。これらは発酵調味料なので、風味が飛ばないよう最後に入れます。

　ちなみに、料理酒には塩分が入っているので、塩みが気になる場合は清酒がおすすめです。調味料にもこだわると、味がもう一段アップしますよ。

割烹は「旬」が命。
野菜で手軽に取り入れられます。

「旬」は料理の大事な要素であり、日常でぜひ感じてほしいもの。
そして、一番手軽に取り入れられるのが「野菜」です。
旬の時期に採れる野菜は栄養価が高く、価格も下がります。
ここでは、家庭ごはんで野菜を生かすヒントを紹介します。

1
野菜は「副菜」で一品にしちゃいましょう

　毎日の料理に、無理なく野菜を取り入れるには「野菜＝副菜」と考え、メインの料理に野菜を使った副菜を一品足すのが近道。3章では、フライパンひとつでできる炒めものや煮ものなどの副菜をたくさんラインナップしました。ぜひメインと組み合わせてみてください。漬けもののように保存でき、焼き浸しのように浸しておくだけでおいしくなるものもあります。
　ひと山いくらの安い野菜を見つけたときは作り置きのチャンスです。

2
冷蔵庫で見つけたトマトとレタス、これを添えるだけ！

　あまりむずかしく考えず、忙しいときは冷蔵庫にある生野菜をメインに添えるだけでも大丈夫。きれいに洗って水気をふき取り、鮮度保持袋に入れると、おどろくほど長持ちします。

　おかずを一品増やすのはハードルが高いという人も、野菜を皿にのせるだけなら、むずかしくありませんよね。きゅうりを切るだけ、レタスをちぎるだけ、大根をおろすだけ。どれも立派な副菜です。

3
香りのものを足すだけで一気に「割烹感」が出ます

　ただ添えるだけで、いつもの料理を劇的に変えてくれるのが薬味や添えものの存在です。ねぎ、大葉、かぼす、柚子、みょうが、青唐辛子、実山椒、たでなどは、料理に彩りと香りを添えるだけでなく、ひとつの料理に季節感や、楽しい「味変」ももたらしてくれます。

　割烹でとても大事にされる要素。ぜひ料理に取り入れてみてください。

目次

2 〈はじめに〉時短しながらおいしく作れる「割烹の知恵」をお教えします。

4 いつもの料理がカンタンにプロの味になる4つの理由。

8 割烹は「旬」が命。野菜で手軽に取り入れられます。

12 私がこの本でリアルに使った調味料と道具

13 この本の使い方

壱 人気レシピ10選

16 肉じゃが

18 照り焼きチキン

20 豚のしょうが焼き

22 チキン南蛮

24 鶏の唐揚げ

25 豆腐ハンバーグ

26 我が家のチキンカレー

27 ポテサラ

28 がめ煮／かしわ飯

弐 旨みを引き出す肉料理

32 肉が格段においしくなる下処理のコツ。

34 鶏むね肉のねぎ塩ソースかけ

36 手羽先の柚子胡椒揚げ

38 鶏レバーの旨辛煮

40 鶏もも肉のみそ焼き

41 ささみのピリ辛ソース

42 豚の角煮

44 ミルフィーユ豚カツ

46 豚肉とレタスの旨だれ蒸し

48 豚肩ロースのチャーシュー

49 トンテキ

50 肉豆腐

52 牛肉とごぼうのしぐれ煮

54 牛すじ煮込み

55 牛ステーキ ジャポネソース

56 鶏つくね照り焼き

57 しゅうまい

参 旬を感じる野菜料理

60 旬の野菜を使えばただただうまい。

62 筍の土佐煮

64 焼きアスパラのペペロン風

65 丸ごと玉ねぎの鶏餡かけ

66 キャベツと豚肉の柚子ポン炒め

67 スナップえんどうのめんつゆ浸し

68 夏野菜の焼き浸し

70 トマトと玉子のふわとろ炒め

71 きゅうりのビール漬け

72 ゴーヤの冷や汁

73 大葉のしょう油漬け

74 きんぴられんこん

76 秋ナスと豚肉のみそ炒め

77 いろいろきのこのホイル焼き

78 さつまいもとごぼうのサラダ

79 里いもコロッケ

80 ふろふき大根

82 ブロッコリーとささみのアンチョビソースかけ

83 にんじんしりしり

84 ほうれん草とせせりの玉子炒め

85 ジャーマンポテト

86 できるだけ使い切る！割烹の教え

四 お酒と合わせる 魚介料理

- 90 さばのみそ煮
- 92 ぶり大根
- 94 アジフライ
- 95 鯛の中華風サラダ
- 96 サーモンのなめろうのり巻き
- 98 まぐろ納豆
- 99 イカ大根の柚子風味
- 100 エビチリ
- 101 カキフライ

- 102 愛すべき鯛の真実と活用法
- 103 鯛のあら炊き
- 104 鯛の昆布締め／鯛の潮汁

伍 ごはんが進む 小鍋料理

- 106 具材は「お好み！」が私のキホン
  ベースにできる6つの味のスープ。

- 108 【みそベース】
  鍋仕立ての豚汁

- 110 【しょう油ベース】
  たらと揚げもちのおろし鍋

- 112 【塩ベース】
  焼きねぎと鶏肉のスープ鍋

- 113 【黒胡椒ベース】
  千切り大根の黒しゃぶ鍋

- 114 【ごまベース】
  具だくさん納豆汁

- 115 【豆乳ベース】
  豆乳チゲ鍋

- 116 心と時間に余裕がない日でもコレなら…
  カンタン割烹だしのススメ

六 他は何もいらない ごはんと麺の料理

- 118 筍ごはん
- 120 セロリそば
- 121 鶏スープにゅう麺
- 122 レタスチャーハン
- 123 親子丼
- 124 焼きのりときのこのパスタ
- 125 豆乳担々うどん

- 126 〈おわりに〉
  笑顔の「ごちそうさま！」のために…
  家庭で使える知恵を伝えていきます。

STAFF

アートディレクション　中村圭介（ナカムラグラフ）

デザイン　野澤香枝、青山美香（ナカムラグラフ）

撮影　鈴木泰介

フードスタイリスト　山口重美

レシピ協力　山田洋子

調理制作アシスタント　平江 明、中村貞雄、
幾留壱心、吉田憲史（割烹よし田）

撮影協力　スピリッツオブマイスター

制作協力　吉田由香理、割烹よし田一同

DTP　ニシ工芸

校正　ぴいた

執筆協力　柿野明子

編集　林 佑香（KADOKAWA）

attention

私がこの本でリアルに使った
調味料と道具

顆粒だしや白だしを使っても問題ありません

だしを取ったり、生にんにくをすりおろしたりすると、確かに味わいは変わりますが、顆粒だしや簡易調味料を使ってもおいしく仕上がるレシピなので、気にせず代用してください。

たとえば、砂糖、塩、しょう油、薄口しょう油、たまりしょう油、みそ、みりん、米酢、穀物酢、ポン酢、めんつゆ、白だし、ソース、オイスターソース、豆板醤、サラダ油、オリーブ油、ごま油、ラー油、わさびチューブ、にんにくチューブ、一味唐辛子など。

**あると便利な道具たち。
でも9割フライパンです！**

フライパンは、テフロン加工のものを愛用しています。何より手入れが楽で、状態が悪くなってきたとしても安価なものが多いので買い替えに踏み切りやすいです。ほか、割烹で使うような特別な道具がなくても、問題ありません。

たとえば、フライパン、フライパンの蓋、鍋、キッチンバサミ、包丁、まな板、軽量カップ、軽量スプーン、フライ返し、トング、ヘラ、おたま、ピーラー、菜箸、ポリ袋、ファスナー付き保存袋、すりおろし器、ボウルなど。

この本の使い方

・レシピの分量は2人分を基本にしています。

・小さじ＝5㎖、大さじ1＝15㎖、1合＝180㎖で換算しています。

・にんにくとしょうがの1かけは、親指くらいの大きさを目安にしています。
　チューブで代用しても問題ありませんが、その場合は分量よりも少し多めにすることをおすすめします。

・だしは、市販の顆粒、粉末、液体など簡易的なものでも、乾物から煮出すものでも、同様に使用できます。

・レシピの材料内に「だし汁」とある場合は、分量に対して、
　お使いの顆粒だしなどに指定されている量を水で溶いたもの、
　またはお好みの乾物でだしを取ったものを想定しています。

・特に記載がない場合は、砂糖は三温糖、塩は自然塩、酢は穀物酢、酒は清酒、みりんは本みりんを使用しています。

・しょう油は特に記載がない場合、濃口しょう油を指します。
　九州地方に多い甘めのしょう油が合うレシピですが、なくても問題ありません。
　辛めのしょう油をお持ちの方は、みりんやざらめ、きび糖などを加えると、九州風の味付けになります。

・油は、特に記載がない場合、サラダ油を指します。

・揚げもの用の油（揚げ油）は適量としています。

・材料で、作りやすい分量のものは適量としています。

・特に記載がない場合、火加減は中火です。

・材料にグラム数を併記しているものもあります。
　また、特に野菜類や魚介類は個体差があり、個数はあくまで目安です。
　個体差による味つけの濃い・薄いを感じた際は、調味料の量もしくは個数の増減で調整してみてください。

・野菜類やきのこ類などの材料は、特に表記がない場合、
　洗う、皮をむく、種・ヘタ・筋をとる、石づきを除くなどの作業は済ませていることを前提としています。
　また、かんたんな下ごしらえは、材料にカッコ書きしています。

・しめじ、舞茸、えのきなどのきのこ類は、1パック100gを想定しています。

・豆腐は、1丁300ｇを想定しています。

・鍋やフライパンで湯を沸かす場合の水は、分量外です。

・レシピ内に出てくる「針ねぎ」の作り方はP48の割烹の知恵をご参照ください。

・電子レンジやトースターは、メーカーや機種によって加熱時間が異なります。
　レシピを目安に様子を見ながら加減してください。

人気レシピ
10選

「割烹よし田」のSNSアカウントで投稿し、
とても好評だったレシピなどを集めました。
肉じゃがやしょうが焼き、角煮、カレーなど、
家庭の定番メニューがずらり。
覚えておいて損はないものばかりです！

豚肉で作ることも多い九州の肉じゃが。ほっこり癒されるなぁ。

肉じゃが

材料 | 2人前

豚薄切り肉 (3cm幅) … 200g
じゃがいも (8等分の乱切り) … 2個
にんじん (乱切り) … 1本
玉ねぎ (大きめのくし切り) … 1/2個
いんげん (ヘタを切り4等分) … 5本
しらたき (熱湯で1分ゆで、
　ひと口大に切る) … 1袋
水 … 700ml
A│酒 … 大さじ2
　│砂糖 … 大さじ2
　│みりん … 大さじ3
B│白だし … 小さじ1
　│しょう油 … 大さじ3
油 … 大さじ1

つくり方

1. フライパンに油を熱し、豚肉を炒める。肉の色が変わったら、じゃがいも、にんじん、しらたきを加え、さらに1分ほど炒める。

2. 鍋に1を移し、水を加えて強火にかける。沸騰したらアクを取って中火に落とし、Aを加える。落とし蓋をして10分ほど煮る。

3. 2にBと玉ねぎを加えて再び落とし蓋をし、5分ほど煮込む。いんげんを加えてひと煮立ちさせ、器に盛る。

割烹の知恵

玉ねぎはあとから加えることにより、
シャキシャキした食感が残り、
煮くずれも抑えるため
見た目のよい肉じゃがに仕上がります。

タレが鶏肉によくからんで
ごはんがいくらでも進む！
絶妙な味わいだなぁ。

割烹の知恵

皮目を伸ばし押さえつけるようにして焼くと焼きムラがなく、形もきれいに。余分な油をふき取ってからタレを加えると、タレと油が分離せず、味が均等にからみます。

照り焼きチキン

材料｜2人前

鶏もも肉（P32の処理済みのもの）
　…1枚（300g）
A｜酒…大さじ1
　｜しょう油…大さじ1
　｜みりん…大さじ1
　｜砂糖…大さじ½
塩…少々
こしょう…少々
片栗粉…適量
油…適量
サニーレタス…適量
ミニトマト…適量

つくり方

1　鶏肉は両面に塩、こしょうをして片栗粉をまぶす。

2　フライパンに油を熱し、1を皮目から入れて5分ほど焼き、裏返して3分ほど焼く。余分な油はキッチンペーパーでふき取る。

3　混ぜ合わせたAを加え、鶏肉に煮からめる。煮詰まってきたら、肉を裏返して裏面にもからめる。これを2、3度くり返す。

4　食べやすい大きさに切り、器に盛ってサニーレタスとミニトマトを添える。

しょうがの風味が効いたタレで豚肉の旨みが引き立つなぁ。ごはんが進んで止まらない！

豚のしょうが焼き

材料 | 2人前

豚ばら肉（ひと口大）… 200g
玉ねぎ（薄切り）… 1/2個
にんにく（薄切り）… 1かけ
A ┃ しょう油 … 大さじ1
　┃ しょうが（すりおろし）… 大さじ2
油 … 適量
酒 … 大さじ1
砂糖 … 大さじ1
キャベツ（千切り）… 3枚

つくり方

1. フライパンを熱して油を引き、玉ねぎ、にんにくを入れ、全体に油が回ったら、豚肉を入れて炒める。

2. 肉に火が通ったら酒と砂糖を入れる。軽く炒めたら、混ぜ合わせたAを入れ、さらに炒めてタレのしょうがを全体にまとわせる。

3. 器に盛り、キャベツを添える。

割烹の知恵

しょうが焼きは、ガツンとしょうがを効かせたいからしょうがの量は多めに。市販のチューブ入りを使う場合は、しょうがの量をもっと増やしてもOK。

宮崎が発祥のチキン南蛮。甘酢とタルタルソースがたまらなく合うなぁ。

チキン南蛮

材料 | 2人前

鶏もも肉（P32の処理済みのもの）
　…1枚（300g）
塩… 少々
こしょう… 少々
〈バッター液〉
　卵… 1個
　牛乳… 50㎖
　薄力粉… 大さじ4
揚げ油… 適量
A　米酢… 大さじ1
　みりん… 大さじ1
　しょう油… 大さじ1
　砂糖… 大さじ½
〈タルタルソース〉
　ゆで卵（指で割りほぐす）… 1個
　玉ねぎ（みじん切り）… ¼個
　パセリ（みじん切り）… 適量
　マヨネーズ… 大さじ2と⅔
　塩… 少々
　こしょう… 少々
　しょう油… 小さじ1
　レモン汁… 小さじ1
サニーレタス… 適量

つくり方

1　鶏肉は両面をフォークで刺し、火の通りをよくする。

2　1をひと口大に切り、塩、こしょうをして薄力粉（分量外）を薄くまぶし、バッター液にくぐらせる。

3　フライパンにAを入れて火にかけ、沸騰して砂糖が溶けたら、火を止める。

4　160度に熱した揚げ油で2を3分揚げて引きあげ、揚げ油を170度に熱し、鶏肉を戻し入れて1分揚げる。

5　4を3に入れてタレを全体にまとわせる。

6　サニーレタスと5を盛り、混ぜ合わせたタルタルソースをかける。

> **割烹の知恵**
> バッター液で
> 面倒な衣づけをかんたんに。
> タレは、材料を合わせたあとに
> 沸騰させると酸味が飛んで
> まろやかな味に仕上がります。

人気レシピ10選

割烹の知恵

鶏の唐揚げは2度揚げすると、カリッとした食感に。揚げ上がりを見極めるには、油の音や泡に注目してジュワジュワという油の音とふつふつと湧く表面の泡が小さくなったら揚げ上がりです。

鶏の唐揚げ

材料 | 2人前

鶏もも肉（P32の処理済みのもの。ひと口大）
　…1枚（300g）
A ｜ 酒 … 大さじ2
　　しょう油 … 大さじ2
　　砂糖 … 小さじ2
　　にんにく（すりおろし）… 小さじ2
　　しょうが（すりおろし）… 小さじ2
片栗粉 … 適量
揚げ油 … 適量
レモン … お好み

つくり方

1 鶏肉をポリ袋に入れてAを加え軽くもみ、30分ほどおく。

2 1に片栗粉をまぶす。鶏皮がついている部位は鶏皮を伸ばし、軽く丸めて形を整える。

3 170度に熱した揚げ油で2を皮目から入れて3分揚げて引きあげ、バットに取って1分休ませる。揚げ油を180度に熱し、鶏肉を戻し入れて2分揚げる。

4 器に盛り、お好みでレモンを添える。

今夜もカリッと揚がったなぁ。あと1個にしたいけど、全部食べてしまいそうだ。

あっさりとした豆腐ハンバーグに甘辛いタレが合うなぁ。

豆腐ハンバーグ

材料 | 2人前

- 合い挽き肉 … 150g
- もめん豆腐 … 2/3丁
- 玉ねぎ（みじん切り）… 1/2個
- **A**
  - 塩 … 少々
  - こしょう … 少々
  - 卵（溶いたもの）… 1個
- **B**
  - 玉ねぎ（すりおろし）… 1/2個
  - みりん … 大さじ2
  - しょう油 … 大さじ2
  - にんにく（すりおろし）… 少々
- 油 … 適量
- 青ねぎ（小口切り）… 適量

つくり方

1. ボウルに、水切りをした豆腐と合い挽き肉を入れて混ぜ合わせる。
2. 1に玉ねぎとAを入れてよく混ぜ、粘り気が出たら、4～6等分の小判型にまとめる。
3. フライパンに油を熱して2を焼き、色よく焼けたら裏返す。水大さじ2ほど（分量外）を加えて蓋をし、3分ほど蒸し焼きにする。
4. 別のフライパンを火にかけてBを入れ、全体を混ぜながら、とろみが出るまで煮詰める。
5. 器に3を盛り、4をかけ、青ねぎを散らす。

割烹の知恵

豆腐をキッチンペーパーで包み、豆腐が入っていた容器に水を入れてのせ、15～20分で水切り完了。余分な水分が抜け、生地がしっかりまとまります。

人気レシピ10選

ピリッとスパイシーな味の秘密は、カレー粉とカレールーのダブル使い。

我が家のチキンカレー

材料 | 2人前

鶏もも肉（P32の処理済みのもの。ひと口大）
　… 1枚（300g）
玉ねぎ（みじん切り）… 1個
カレー粉 … 大さじ1
にんにく（すりおろし）… 小さじ1
しょうが（すりおろし）… 小さじ1
バター … 20g
水 … 500㎖
カレールー … 2種類を各2かけ
しょう油 … 大さじ1
はちみつ … 大さじ1
ケチャップ … 大さじ1

つくり方

1　ボウルに鶏肉、にんにく、しょうがを入れてもむ。さらにカレー粉をまぶし、よくもみ込む。

2　フライパンにバターを入れ、玉ねぎを炒める。あめ色になるまで炒めたら、1を入れてさらに炒める。

3　2に水を入れ、カレールーを加えてひと煮立ちしたら、しょう油、はちみつ、ケチャップを入れてとろみが出るまで煮詰める。

4　器にごはんをお好みの量で盛り、3をかける。

割烹の知恵

にんにくとしょうがを入れたあとにカレー粉をまぶして。スパイスが香りつつ、別メーカーの2種類のルーで味とコクがより深まります。

野菜たっぷりのポテサラを
サニーレタスに包んで食べるから
ベーコンの塩気が欠かせない一品。
しっかり焦げ目をつけ、
脂と旨みを引き出してください。
ベーコンはぜひブロックを。

割烹の知恵

ポテサラ

材料 | 2人前

じゃがいも（十字に4等分）… 2個
にんじん（十字に4等分）… 1/2本
きゅうり（薄切り）… 1本
玉ねぎ（薄切り）… 1/2個
ゆで卵 … 2個
ベーコン（拍子木切り）… 適量
マヨネーズ … 大さじ3
しょう油 … 大さじ1
塩 … 適量
こしょう … 適量
サニーレタス、黒胡椒
　　… お好み

つくり方

1　じゃがいもとにんじんは竹串がすっと通るくらいになるまでゆでる。

2　きゅうりと玉ねぎはひとつまみの塩（分量外）を振ってもみ、2～3分おき、水気を絞る。ベーコンはフライパンで焼き色がつくまで焼く。

3　1のにんじんを小さく切る。じゃがいもはボウルに入れ、しゃもじかヘラで押しつぶし、にんじんと混ぜ合わせる。

4　3に2のきゅうりと玉ねぎを入れ、塩、こしょうを振って混ぜる。ゆで卵を指で割りほぐしながら加える。

5　4に焼いたベーコンと、マヨネーズ、しょう油を入れて味をととのえる。お好みでサニーレタスを添え、黒胡椒を振る。

サニーレタスに包んで！これは大人のポテサラだなぁ。酒のアテにもグッド！

人気レシピ10選

寄せ集めるを意味する博多弁「がめくりこむ」が言葉の由来。かしわ飯も九州の味だなぁ。

がめ煮

材料 | 4人前

鶏もも肉（P32の処理済みのもの。ひと口大）
　　… 1/2枚（150g）
里いも（4等分）… 2個
れんこん（4等分にして1cm幅）… 1ふし
ごぼう（乱切り）… 1/2本
にんじん（乱切り）… 1/2本
こんにゃく… 1袋
干し椎茸（400mlの水で戻す）… 4枚
きぬさや… 10枚
ゆで筍（ひと口大）… 1/2本
　※皮つきの場合はP63の処理を行う
A｜だし汁（干し椎茸の戻し汁に
　　　　水を足す）… 600ml
　｜酒… 100ml
　｜みりん… 100ml
　｜砂糖… 大さじ6
しょう油… 100ml
油… 適量

つくり方

1. 戻した椎茸は軸を取り4等分に切り、戻し汁は取っておく。こんにゃくは表面に1mmの深さで隠し包丁を入れ、スプーンでちぎり切る。

2. きぬさやは筋をとり、さっとゆでる。里いもは米の研ぎ汁か少量の生米を入れた水でゆで、竹串がすっと通るようになったらざるに上げ、水でぬめりを洗い流す。

3. 鍋に水と、1のこんにゃく、れんこん、ごぼう、にんじん、筍を入れ、沸騰後、3分ほど経ったらざるに取る。

4. フライパンに油を熱し、鶏肉を炒める。表面の色が変わったら、1の椎茸と、2の里いも、3を入れて一緒に炒め、Aを入れてアクを取り、落とし蓋をする。

5. 10分ほど煮たら落とし蓋を取ってしょう油を入れ、再び落とし蓋をしてさらに5分ほど煮る。煮汁が少なくなったら器に盛り、きぬさやを添える。

割烹の知恵

煮物は、冷ます過程で味が具材に浸透します。常温になるまで完全に冷まし、再び煮返すと食べごろに。

かしわ飯

材料 | 4人前

米… 3合
鶏もも肉（P32の処理済みのもの。1cm角）
　　… 1/2枚
ごぼう… 1/2本
にんじん（1cm角）… 1/2本
干し椎茸（水300mlで戻す）… 3枚
A｜しょう油… 大さじ3
　｜みりん… 大さじ3
　｜酒… 大さじ1
ごま油… 大さじ2

つくり方

1. ごぼうはささがきにして（P53割烹の知恵参照）水にさらし、ざるに取って水気を切る。

2. 戻した椎茸は、薄切りにする。戻し汁は取っておく。

3. フライパンにごま油を熱し、鶏肉、にんじん、1、2を加えて炒め合わせ、Aを加える。

4. 炊飯器に研いだ米、3、干し椎茸の戻し汁を加える。4合の目盛りまで水を足し、普通モードで炊飯する。

割烹の知恵

干し椎茸の戻し汁を使って食材を炒めることで、コクや旨みを出します。

弐 旨みを引き出す肉料理

家庭で肉料理を作る日はとても多いと思いますが、肉類は、買ってきた素材を下処理するかどうかで、仕上がりに差が出ます。
さらに火の入れ方などの知恵も押さえれば、味が安定すること間違いなしです！

肉が格段においしくなる下処理のコツ。

口に残る脂肪や筋、血。特に血は、少しついていても臭みを発するので、きれいに取り除いておきましょう。まとめ買いしたときに一度に処理をすませると、手間と時間の節約に。保存するときは、表面の水気をよく取り、空気に触れないよう、ラップや保存袋でぴったり包んで冷凍してください。霜降りも、やってみると、格段においしくなりますよ。

鶏　鶏肉は余分な脂を取り、筋を切っておきましょう

1. 余分な水分をキッチンペーパーでふき取る。少しでも血がついていると臭みを発するので、血がついていたときは、ふき取る。

2. 皮目を下にして、身の中央あたりをさわって、骨や軟骨が残っていたら包丁ではずす。

3. 皮の端や身の間にある黄色い脂肪を切り取る。皮と身の間にある脂は、包丁を入れて引っ張りながら切り取る。

4. 全体に切り込みを入れて筋を切り、火の通りをよくするために肉の厚みを均一にならす。

ささみ　舌に残るささみの筋は取っておきましょう

1. 身と白い筋を切り離すように、筋の先端部分に少し切れ目を入れる。

2. ささみを裏返し、左手で筋を持つ。

3. 筋の先を指でしっかり押さえ、包丁の背を筋の付け根に当てて、包丁をやや斜めに傾け、押しながら筋を取る。少し前後にしごくようにして押すと取りやすい。

4. 3を開く場合は、中央に切り込みを入れ、外側に向かって厚みをそぐように左右それぞれ開く。

豚　豚ロース肉は筋を切り、身の反り返りや縮みを抑えましょう

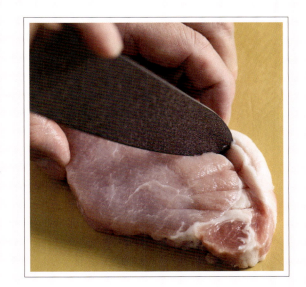

1. 豚ロース肉の切り身は、脂身と赤身の間に筋があり、筋にそって身が反り返ったり、縮んだりするため、幅1cmくらいの間隔で切り込みを入れ、白い筋を切る。包丁を立て、刃先で刺すようにして切るのがポイント。

2. 厚めの肉の場合は、同じようにして裏側にも切り込みを入れる。切って使う場合、切り込みは不要。

薄切り肉　アクが出る素材は「霜降り」にしましょう

1. 鍋かフライパンにたっぷりの湯を沸かし、素材をさっとくぐらせる。

2. 表面の色が変わったら、すぐに引き上げ、冷水に取って水を切る。

※牛肉や豚肉の薄切り肉、ひき肉は、霜降りにすることで、アクや汚れ、臭み、余分な脂を抜くことができます。魚は、霜降りにしたあと冷水に取り、うろこや血を取り除くと、仕上がりが格段にきれいになりますよ。身が締まり、旨みが逃げにくくなる効果も！

牛すじ　牛すじ肉は下ゆでをしてから使いましょう

1. 鍋に牛すじを入れ、たっぷりの水を入れて強火にかける。途中、アクが出てきたら丹念に取り除く。

2. 5分ほどゆでたら、ざるに取り、流水でよく洗う。細かいひだに入り込んだアクもきれいに除去し、食べやすい大きさに切る。

シルキーな舌触りだなぁ。複雑な味わいのタレが、淡白なゆで鶏に抜群に合う。

鶏むね肉の
ねぎ塩ソースかけ

材料 | 2人前

鶏むね肉（P32の処理済みのもの）
　…1枚（300g）
A ｜ 長ねぎ（みじん切り）…1本
　　 青ねぎ（みじん切り）…1本
　　 大葉（みじん切り）…5枚
　　 塩…小さじ1
　　 こしょう…ふたつまみ
　　 鶏がらスープの素…小さじ1
　　 白ごま…大さじ1
　　 にんにく（すりおろし）…少々
　　 ごま油…大さじ1
　　 レモン汁…適量
サニーレタス…適量

つくり方

1　鶏肉は皮を取り、両面全体をフォークで刺して火の通りをよくする。半分に切り、さらに厚みを半分に切る。

2　フライパンに湯を沸かし、1を入れて火を止め、蓋をして12分おく。

3　2の鶏肉を取り出して、食べやすく切り、混ぜ合わせたAとサニーレタスを添える。Aはかけて もOK。サニーレタスで包んで食べるのがおすすめ。

<u>鶏肉は、強火でゆでると</u>
<u>旨みや水分がどんどん抜けてしまいます。</u>
<u>熱湯の余熱でしっとりふっくら仕上げましょう。</u>
<u>薄く切れば、より早く火が通ります。</u>

旨みを引き出す肉料理

柚子胡椒の風味がいいなぁ。これは酒のアテにも、ごはんのおかずにも最高だ！

割烹の知恵

骨付き肉のように火の通りにくい食材は、やや低めの温度で揚げたあと高温の油で揚げる「2度揚げ」をすると、水分が抜け、カリッと仕上がります。

手羽先の柚子胡椒揚げ

材料 | 2人前

手羽先 … 6本
柚子胡椒 … 小さじ1（6本分）
A｜酒 … 大さじ1
　｜しょう油 … 大さじ1
　｜柚子胡椒 … 大さじ1
薄力粉 … 適量
揚げ油 … 適量
レモン … お好み

つくり方

1 手羽先をフォークで刺し、裏側の骨と骨の間に包丁目を入れ、そこに柚子胡椒を塗り込む。

2 ボウルにAを入れ、1にからめ、落としラップをして10分おく。

3 2に薄力粉をつけ、余分な粉をはたき落として、170度に熱した揚げ油で3分揚げ、キッチンタオルを敷いたバットに取って3分ほど休ませる。揚げ油を180度に熱し、手羽先を戻し入れて2分揚げる。

4 皿に盛り、お好みでレモンを添える。

鶏レバーは安いうえに栄養満点!たくさん食べてほしいなぁ。

鶏レバーの旨辛煮

材料 | 2人前

鶏レバー … 500g
しょうが（千切り）… 3、4かけ
にんにく（薄切り）… 1かけ
A │ 酒 … 400㎖
　│ しょう油 … 100㎖
　│ みりん … 100㎖
　│ 砂糖 … 大さじ2
油 … 大さじ1
小ねぎ（小口切り）… 適量

つくり方

1. 鶏レバーは、余分な脂肪を取り、食べやすい大きさに切って血を取り除く。

2. 沸騰した湯に鶏レバーを入れて蓋をし、火を止めて5分おく。

3. 鶏レバーを湯から引きあげ、水を張ったボウルに浸し、**1**で取りきれなかった血を取り除く。

4. フライパンに油を熱し、にんにくとしょうがを入れて香りが出るまで炒めたら、**A**を入れる。

5. **A**の砂糖が溶けたら**3**を入れて10分煮る。器に盛って小ねぎを散らす。

鶏レバーは、余分な脂肪を取り、
包丁の先で血をきれいに取り除きます。
ハツ（心臓、三角の部分）がついていたら
レバーと切り分けて半分に開きましょう。

割烹の知恵

旨みを引き出す肉料理

ジューシーな鶏もも肉と
みその風味で食欲が進む。
めし泥棒な一品だなぁ。

鶏もも肉のみそ焼き

材料｜2人前

鶏もも肉（P32の処理済みのもの）
　…1枚（300g）
A｜みそ…大さじ2
　｜酒…大さじ1
　｜みりん…小さじ2
　｜砂糖…大さじ1
　｜しょう油…小さじ1
酒…大さじ2
油…適量
レタス、ミニトマト…適量

つくり方

1　鶏肉は、両面全体をフォークで刺し、ひと口大に切る。

2　ポリ袋にAと1を入れてよくもみ込み、冷蔵庫に半日以上おいて味をなじませる。

3　フライパンに油を引き、みそを軽くふき取った2を皮目から入れて弱火にかけ、5分ほど焼く。

4　鶏肉の表面に軽く焦げ目がついたら、裏返して酒を入れ、蓋をして3分ほど蒸し焼きにする。器に盛り、レタスとミニトマトを添える。

割烹の知恵

タレをもみ込んだ肉は、
火加減に気をつけないと
あっという間に焦げてしまいます。
フライパンから目を離さずに
皮目から弱火でじっくり焼けば
失敗知らずですよ。

熱湯に入れるだけで完成する時短レシピ。淡白なささみにピリ辛のタレがたまらない。

ささみのピリ辛ソース

材料 | 2人前

- ささみ（P32の処理済みのもの）… 5本
- 塩 … ひとつまみ
- 砂糖 … ふたつまみ
- A
  - みそ … 小さじ1
  - 豆板醬 … 小さじ1
  - コチュジャン … 小さじ1
  - 酒 … 小さじ1
  - みりん … 小さじ1
  - しょう油 … 小さじ1
  - 鶏がらスープの素 … 小さじ1
  - にんにく（すりおろし）… 小さじ2
  - しょうが（すりおろし）… 小さじ2/3
- サンチュ … 適量

つくり方

1. ささみは、塩、砂糖で下味をつける。
2. 鍋に湯を沸かし、沸騰したらささみを入れる。蓋をして火を止め、10分間おき、ささみを取り出す。
3. フライパンにAを入れて火にかけ、よく混ぜてひと煮立ちさせる。
4. ひと口大に切ったささみを盛り、3をかける。サンチュでささみを巻いて食べるのがおすすめ。

割烹の知恵

パサつきがちなささみは、保水作用のある砂糖を加えるとしっとり。

旨みを引き出す肉料理

やわらかく煮えたなぁ。
玉子にも味がよくしみている。
長ねぎと辛子との相性も抜群！

脂をていねいに取り除くと、
油っこくなく、味も入りやすくなります。
ゆで汁は粗熱を取ったのち
冷蔵庫で1時間おくと
脂が白く固まって取り除くのはもっとラク。
脂は上質なラードとして使えます。

割烹の知恵

豚の角煮

材料 | 2人前

豚ばら肉（ブロック）…500g
ゆで玉子…3個
しょうが（縦に4等分）…3かけ
長ねぎ（青い部分）…15cm
A｜酒…100ml
　｜みりん…100ml
　｜しょう油…100ml
　｜砂糖…大さじ5と1/2
針ねぎ、辛子…お好み

つくり方

1　フライパンを火にかけ、豚肉を脂身の方から焼いていく。すべての面にこんがりと焼き色がついたら、2cm幅に切る。

2　鍋に1、しょうが、長ねぎを入れ、豚肉がかぶるくらいの水を注ぎ、1時間ほどゆでる。途中で水が足りなくなったら足す。

3　ゆでた豚肉、しょうが、長ねぎを取り出し、ゆで汁800mlを鍋に残す。

4　3の鍋にAを入れ、豚肉を戻し、ゆで玉子を加えて火にかける。沸騰したら落とし蓋をして、さらに1時間ほど煮込む。

5　器に豚肉を盛り、切ったゆで玉子と、お好みで針ねぎ、辛子を添える。

旨みを引き出す肉料理

とろっと溶けたチーズと大葉のハーモニーが絶妙だなぁ。

ミルフィーユ豚カツ

材料 | 2人前

薄切り豚バラ肉…10枚
大葉…8枚
スライスチーズ…2枚
小麦粉…適量
卵（溶いたもの）…1個
パン粉…適量
揚げ油…適量
キャベツ（千切り）…4枚
中濃ソース…適量
塩、こしょう…適量

つくり方

1. 豚肉を縦に少しずつ重なるように5枚並べ、塩、こしょうを振り、大葉4枚とチーズ1枚をのせて巻く。これをもう1本作る。

2. 1に小麦粉をまぶし、溶き卵にくぐらせ、パン粉をつける。

3. 2を170度の揚げ油できつね色になるまで5分ほど揚げる。

4. 切った3とキャベツを器に盛りつけ、中濃ソースや塩を添える。中濃ソース大さじ1、マヨネーズ大さじ2、辛子小さじ1を混ぜたソースにつけるのもおすすめ。

【割烹の知恵】

揚げるとき、チーズが溶け出すのを防ぐには、豚肉を巻くとき、両端をやや内側に折り込むようにするのがポイント。巻き終えたら、少し押さえて形を整えましょう。

レタスはど〜んと1玉で大正解！特製のタレが豚肉によくからむ。野菜好きにはたまらないなぁ。

豚肉とレタスの旨だれ蒸し

材料 | 2人前

豚ばら肉 … 200g
もやし … 1袋
レタス … 1玉
A | 酒 … 大さじ1
　 | しょう油 … 大さじ2
　 | 砂糖 … 小さじ1
　 | ごま油 … 大さじ1
　 | 豆板醬 … 小さじ1
　 | にんにく (すりおろし) … 小さじ1
白ごま … 適量

つくり方

1. 水洗いしたもやしのひげを取り、レタスは手でちぎる。豚肉は半分の長さに切る。

2. ボウルにAを入れてよく混ぜ、タレを作る。

3. フライパンにレタス、もやし、豚肉、レタス、豚肉の順に重ね、タレをかけて蓋をし、5分蒸し焼きにする。

4. 火を止め、白ごまを振る。

> **割烹の知恵**
>
> もやしのひげは、臭みやクセのもと。指でつまんで折るようにして取り除きましょう。少し手間はかかりますが、シャキシャキした食感が増し、おいしさが格段にアップします。

旨みを引き出す肉料理

豚肩ロースのチャーシュー

材料｜2人前

豚肩ロース肉（ブロック）… 400g
A｜酒 … 大さじ2
　｜しょう油 … 大さじ1
　｜オイスターソース … 小さじ1
　｜甜麺醬 … 大さじ1
　｜砂糖 … 大さじ3
　｜ごま油 … 大さじ1
　｜にんにく（すりおろし）… 小さじ1
　｜しょうが（すりおろし）… 小さじ1

油 … 適量
酒 … 大さじ5
長ねぎの青い部分と
　白い部分（針ねぎ）
　… 各5cm

長ねぎの芯をはずし外側の
白い部分だけを千切りにするのが
「針ねぎ」。
今回は、青い部分も、葉の中の透明な
粘液をそぎ落とし、千切りにして2色に。
10分ほど水にさらすと丸まります。

つくり方

1 味がしみ込みやすいよう、肉全体をまんべんなくフォークで刺したら、**A**と一緒にポリ袋に入れ、よくもむ。空気を抜いて3時間ほど寝かせる。

2 フライパンを弱火にかけて油を引き、**1**の肉を取り出して焼く（袋の**A**のつけだれは残しておく）。焦げやすいのでフライパンをゆすりながら焼いていく。

3 全体に焼き目がついたら酒を入れて蓋をし、10分ほど蒸し焼きにする。

4 蓋を取り、水分が少なければ酒を大さじ1〜2ほど（分量外）加えて裏に返し、再び蓋をして8分ほど蒸し焼きにする。

5 蓋を取り、つけだれを加え、肉に回しかけながら、さらに3分ほど焼く。

6 フライパンから肉を取り出し、再び火にかけ、タレにとろみがつくまで煮詰める。

7 肉を2mm幅に切って皿に盛りつけ、タレをかけ、薬味に針ねぎをあしらう。

肉と脂の濃厚な旨みが噛むほどにじゅわっと広がり、とろける食感がごはんを呼ぶ！

最近、疲れが取れないなぁと感じたらビタミン豊富な豚肉を。食べ応えも満点!

トンテキ

材料｜2人前

厚切り豚ロース肉（P33の処理済みのもの）
　…2枚（1枚200g）
塩…少々
こしょう…少々
薄力粉…適量
にんにく（薄切り）…2かけ
油…適量
A ┃ 酒…大さじ2
　 ┃ みりん…大さじ1
　 ┃ しょう油…大さじ1
　 ┃ オイスターソース…小さじ1
　 ┃ ウスターソース…大さじ2
　 ┃ 砂糖…大さじ1
キャベツ（千切り）、かいわれ大根
　（ひと口大）…適量

つくり方

1. 豚肉に塩、こしょうをして薄力粉をまぶす。
2. フライパンに油を熱し、にんにくを入れ、香りが出たら取り出し、豚肉をこんがり焼く。
3. 両面とも焼けたら、Aを入れて肉にからめ、とろみが出るまで焼く。
4. 食べやすい大きさに切り、キャベツ、かいわれ大根とともに器に盛る。

割烹の知恵
とろみが出るまで煮詰めると肉から出た旨みや脂も再度、しみ込みます。

旨みを引き出す肉料理

これぞ、私の大好物。豆腐やこんにゃくにも肉の旨みが溶け込んで絶品!

キッチンタオルを落とし蓋にするときは箸で穴を開けると吹きこぼれず、煮汁が全体に回ります。

割烹の知恵

肉豆腐

材料 | 2人前

牛ばら肉（P33の処理済みのもの。ひと口大）… 200g
もめん豆腐（8等分）… 1/2丁
長ねぎ（1cm幅の斜め切り）… 1本
糸こんにゃく… 1袋
A｜水… 400ml
　　酒… 100ml
　　みりん… 100ml
　　しょう油… 100ml
　　砂糖… 大さじ2
　　顆粒だし… 小さじ1/3

つくり方

1　糸こんにゃくは熱湯で1分ほどゆで、ざるに取って水気を切る。

2　鍋にAを入れて火にかけ、砂糖が溶けたら1、牛肉、豆腐、長ねぎを加え、落とし蓋をして15分煮る。

牛肉とごぼうのしぐれ煮は甘辛くてしみじみ旨い。これはごはんが進むなぁ。

牛肉とごぼうのしぐれ煮

材料 | 2人前

牛薄切り肉（P33の処理済みのもの。ひと口大）… 300g
しょうが（千切り）… 2かけ半
ごぼう… 2/3本
A | 水… 100ml
　　酒… 200ml
　　みりん… 60ml
　　しょう油… 60ml
　　砂糖… 大さじ3
きぬさや（ゆでて斜め刻み）… 適量

つくり方

1 ごぼうはささがきにして水にさらし、ざるに取って水気を切る。

2 フライパンにAを入れて煮立たせる。

3 牛肉を2に入れ、ひと煮立ちさせたら、いったん取り出す。フライパンの煮汁に1としょうがを加えてとろみが出るまで煮る。

4 3に牛肉を戻し入れ、全体に煮汁をからめる。彩りにきぬさやを添える。

ごぼうのささがきは、
包丁を少し斜めに傾け
手のひらでごぼうをころころと
回しながらやるとうまくいきます。
ピーラーでやっても大丈夫。

割烹の知恵

牛すじ肉の濃厚な旨みが
こんにゃくにも
大根にもしみしみだ。

牛すじ煮込み

材料 | 4人前

牛すじ肉（P33の処理済みのもの。大きめの
　ひと口大）… 500g
こんにゃく … 1袋
大根（4等分にして乱切り）
　… 1/3本（上部）
しょうが（薄切り）… 4かけ
にんにく（つぶす）… 2かけ
水 … 2000㎖
A｜酒 … 100㎖
　｜みりん … 100㎖
　｜しょう油 … 100㎖
　｜砂糖 … 大さじ5
青ねぎ（小口切り）、一味唐辛子
　… お好み

つくり方

1. こんにゃくの表面に1mmの深さで隠し包丁を入れてスプーンでちぎり切り、沸騰した湯でゆでる。大根もゆでておく。

2. 鍋に牛すじ肉と、しょうが、にんにく、水を入れて強火にかける。煮立ったら強めの弱火に落とし、アクを取りながら1時間ほどゆでる。

3. 牛すじ肉を取り出して、厚めのキッチンタオルを敷いたざるでスープをこし、1000㎖を鍋に戻す。足りなければ水を足す。

4. 3にAと1を入れて牛すじ肉を戻し入れ、火にかける。沸騰したらアクを取って弱火にし、落とし蓋をして40分ほど煮る。

5. 器に盛り、お好みで青ねぎと一味唐辛子をかける。

割烹の知恵

こんにゃくはスプーンでちぎり切ると
包丁よりも切り口に凹凸が出るため
煮汁がしみ込みやすくなります。
プリプリした食感もアップし、
見た目も素朴な印象になります。

牛ステーキ
ジャポネソース

材料 | 2人前

牛ロース肉 … 200g
塩 … 少々
こしょう … 少々
油 … 適量
にんにく (みじん切り) … 大さじ3
玉ねぎ (すりおろし) … 1個
A ┃ 酒 … 大さじ2
　┃ みりん … 大さじ2
　┃ しょう油 … 大さじ4
　┃ 酢 … 小さじ1
　┃ はちみつ … 小さじ2
　┃ 塩 … 少々
　┃ こしょう … 少々
ブロッコリー、エリンギ、バター
　… 適量

つくり方

1 牛肉は焼く30分前に冷蔵庫から出し、両面に塩、こしょうを振る。

2 フライパンを弱火で熱し、温まったら中火に上げて油を引き、肉の端を少し返して焼き色を確認しながら1分30秒ほど焼く。こんがりと色よく焼き目がついたら、裏返して40秒ほど焼く。

3 ジャポネソースを作る。別のフライパンに油を引き、にんにくと玉ねぎを炒め、Aを入れ、とろみが出るまで煮詰める。

4 ブロッコリーとエリンギをバターソテーにして、2を皿に盛り、3をかける。

> ステーキ肉は焼く30分ほど前に冷蔵庫から取り出しあらかじめ室温に戻しておくことで、均等に火が通り、ムラなくおいしく焼き上がります。

割烹の知恵

> ジャポネソースはハンバーグなどいろんな料理に使えます。

旨みを引き出す肉料理

かわいい鶏つくねに卵黄をとろ〜りまとわせて頬張れば至福の味わい。

鶏つくね照り焼き

材料 | 2人前

鶏ひき肉 … 300g
玉ねぎ（粗みじん切り）… 1/2個
ごぼう（粗みじん切り）… 1/3本
片栗粉 … 大さじ2
A｜片栗粉 … 小さじ1
　｜溶き卵 … 1個分
　｜しょう油 … 小さじ1
　｜みりん … 小さじ1
　｜砂糖 … 小さじ1
　｜塩 … ひとつまみ
B｜酒 … 大さじ1
　｜みりん … 大さじ1
　｜しょう油 … 大さじ1
　｜砂糖 … 小さじ2
卵黄 … お好みで2個

つくり方

1. 玉ねぎとごぼうは切ったあと水にさらす。ざるに取ってよく水気を切り、片栗粉をまぶす。

2. ボウルに鶏ひき肉、1、Aを入れ、ねばり気が出るまでよく混ぜ、冷蔵庫で15分ほど休ませる。

3. 鍋に湯を沸かし、2をスプーンで丸めながら入れる。浮いてきたら、さらに1分ほどゆで、ざるに上げる。

4. フライパンにBを入れて火にかけ、とろみがついたら3を加える

5. 全体的に4のタレがからんだら器に盛り、お好みで卵黄を添える。

割烹の知恵

冷蔵庫で休ませると下味がよくなじみ、団子状にしやすくなります。

手作りのしゅうまいはやさしい味わい。野菜もたっぷりとれるぞ〜。

しゅうまい

材料 | 2人前

合い挽き肉 … 200g
玉ねぎ（粗みじん切り）… 1個
しゅうまいの皮 … 12枚
片栗粉 … 大さじ2
塩 … ひとつまみ
A | 砂糖 … 大さじ1
　 | 酒 … 小さじ1
　 | しょう油 … 大さじ1
　 | オイスターソース … 大さじ1
　 | こしょう … ふたつまみ
　 | しょうが（すりおろし）… 小さじ1
　 | ごま油 … 大さじ1
キャベツ … 1/4玉
もやし … 1袋
水 … 200㎖
辛子 … 適量

つくり方

1 玉ねぎに片栗粉をまぶす。

2 ボウルに合い挽き肉と塩を入れ、よく練り合わせる。粘り気が出たら、Aと1を加え、さっと混ぜ合わせる。

3 2を12等分にし、丸めてしゅうまいの皮にのせ、軽く握って包む。

4 フライパンに食べやすい大きさに切ったキャベツともやしを敷き、3をのせる。

5 水を加えて蓋をし、8分蒸し焼きにする。仕上げに辛子をのせる。

割烹の知恵
玉ねぎに片栗粉をまぶすと水分が出にくくなります。面倒な蒸しものもフライパンなら手間いらず。

旨みを引き出す肉料理

参
旬を感じる野菜料理

私自身が野菜不足を気にしていることもあり、
できるだけもりもり食べられる形を日ごろから模索しています。
作り置きになるような副菜レシピをそろえましたので、
さっと食卓に出す一品にしてくださいね！

旬の野菜を使えば
ただただうまい。

　一般的に、副菜として使われることが多い野菜。筍の土佐煮（P62）やふろふき大根（P80）のように、野菜のおいしさを単品で味わう料理や、野菜の旨みをじっくり引き出すための方法が和食にはたくさんあります。鮮度のよい旬のものなら、むずかしい料理をしなくても、ただ炊くだけ、焼くだけで十分おいしいのも野菜の強みです。

　どの野菜も年がら年中、出回っているように見えますが、だからこそ、本当においしい旬の時期を知り、料理で季節を感じてほしいと思います。

　我が家の冷蔵庫にストックしているのは、夏場ならレタスときゅうり、冬場だと白菜や長ねぎ。これに小ねぎときのこ類、根菜はごぼうがあると、だいたいどんな料理もなんとか作ることができます。

　野菜は収穫して日が経つと水分が抜けるので、買うときは持ち比べてみて、ずっしり重いほうを選びましょう。表面の色つやがよく、ガクがピンと張ったものは新鮮な証拠。キャベツや白菜、ブロッコリーは、芯や茎の切り口まで見て買うようにしていますよ。

春 （3〜5月）

- □ 新玉ねぎ
- □ 春キャベツ
- □ スナップえんどう
- □ 筍
- □ セロリ
- □ 春せり（葉せり）
- □ 豆苗
- □ 葉しょうが
- □ パセリ
- □ きぬさや
- □ 春レタス
- □ アスパラガス
- □ 新じゃがいも
- □ 三つ葉
- □ 菜の花
- □ ふきのとう
- □ そら豆
- □ ラディッシュ
- □ クレソン
- □ にんにく

夏 (6〜8月)

- ナス
- きゅうり
- ズッキーニ
- みょうが
- 大葉
- 赤じそ
- とうもろこし
- 夏秋トマト
- 赤・青ピーマン
- ゴーヤ
- 枝豆
- 青柚子
- サンチュ
- 夏秋レタス
- サニーレタス
- オクラ
- モロヘイヤ
- ししとう
- 唐辛子（青唐辛子）
- 空心菜

秋 (9〜11月)

- 秋ナス
- れんこん
- 舞茸
- しめじ
- エリンギ
- 椎茸
- 松茸
- さつまいも
- ごぼう
- 里いも
- 新しょうが
- かぼちゃ
- すだち
- 黄柚子
- 青レモン
- 春菊
- 小松菜
- 秋キャベツ
- ニラ
- チンゲン菜

冬 (12〜2月)

- 大根
- 冬にんじん
- かぶ
- 白菜
- 冬せり（根せり）
- 水菜
- 長ねぎ
- 冬キャベツ
- 高菜
- 青ねぎ
- イエローレモン
- 冬レタス
- 冬春トマト
- カリフラワー
- ブロッコリー
- じゃがいも
- ほうれん草
- ターサイ
- ユリ根
- 金時にんじん

旬を感じる野菜料理

皮付きのままゆでた筍で作ると感動的な旨さ。ぜひ挑戦してください。

> **割烹の知恵**
>
> 筍のアクとえぐみを抜くには、ゆでるときに米ぬかと唐辛子を加えて。米ぬかがない場合は、お米の研ぎ汁も使えます。水からじっくりゆでていくのがポイントです。

筍の土佐煮

材料｜2人前

ゆで筍 … 2本（1本200g相当）
A ｜ だし汁 … 300ml
　｜ 酒 … 大さじ3
　｜ みりん … 大さじ3
　｜ しょう油 … 大さじ2と1/2
削り節 … 3パック

つくり方

1　筍は食べやすい大きさに切る。

2　鍋に1とAを入れて煮る。

3　煮汁がなくなるまで煮たら火を止め、削り節を全体にまぶす。

〈筍のゆで方〉

材料｜2人前

筍（皮つきの未処理のもの）… 2本
　　（1本1kg相当／可食部200g相当）
米ぬか … 100ml
赤唐辛子 … 1本

つくり方

1　筍は先端の部分を斜めに切り落とし、切り口に縦に包丁目を入れる。根元の硬い部分も少し切り落とす。

2　深鍋に1、たっぷりの水と米ぬか、赤唐辛子を入れて落とし蓋をし、弱火で1〜2時間ほどゆでる。途中で水が少なくなったら足す。

3　太い部分に竹串がすっと通るまでゆでたら火を止め、そのままひと晩置く。水にさらし、皮をむいて使用する。

にんにくの香りが食欲をそそるなぁ。酒が進む大人の野菜料理だ。

焼きアスパラのペペロン風

材料 | 2人前

アスパラガス … 6本
オリーブ油 … 大さじ1
A | 酒 … 大さじ2
　 | 塩 … ひとつまみ
B | オリーブ油 … 大さじ1
　 | にんにく（薄切り）… 2かけ
　 | 赤唐辛子 … 1本
アンチョビ … 2枚
黒胡椒 … ふたつまみ
しょう油 … 少々

つくり方

1. アスパラガスは下の硬い部分の皮をむき、はかまを取る。
2. フライパンにオリーブ油を入れて熱し、1とAを入れて蓋をし、3分ほど蒸し焼きにする。
3. 水分がなくなったらBを加えて炒める。さらにフライパンの端でアンチョビをほぐしながら炒め、アスパラガスと合わせて、黒胡椒を振り、仕上げにしょう油を数滴たらす。

割烹の知恵

アスパラガスは、
下から1/3の部分は
繊維が硬く舌に残るので皮をむきます。
はかまも落としましょう。
ピーラーを使うとカンタンです。

ありふれた素材でもこんなにインパクトのある料理になるんだなぁ！

丸ごと玉ねぎの鶏餡かけ

材料 | 2人前

鶏ひき肉 … 100g
玉ねぎ … 2個
A｜昆布 … 5cm角1枚
　｜酒 … 大さじ1
　｜塩 … 小さじ1
B｜みりん … 大さじ1
　｜薄口しょう油 … 大さじ1
　｜こしょう … ふたつまみ
〈水溶き片栗粉〉
　｜片栗粉 … 小さじ1
　｜水 … 小さじ2
チンゲン菜（ゆでる）… 適量

つくり方

1. 玉ねぎは根の部分を切り落とし、皮ごとよく洗う。

2. 鍋に1と、玉ねぎがかぶるくらいの水、Aを入れ、玉ねぎに竹串がすっと入るくらいまで（目安は40分ほど）ゆでる。

3. フライパンに2のゆで汁200㎖、鶏ひき肉、Bを入れて強火にかける。沸騰したらアクを取って弱火に落とし、水溶き片栗粉を加えてとろみをつける。

4. 2の玉ねぎの皮を取り、器にチンゲン菜とともに盛って3をかける。

玉ねぎは皮をむかずに昆布と煮て
玉ねぎの香りをゆで汁に移します。
皮ごと煮ることで、自然な甘みが引き出され、
皮に含まれるポリフェノールもとれます。

割烹の知恵

> 覚えておきたい時短料理。ぴりっと辛い柚子胡椒が全体を引き締めているなぁ。

キャベツと豚肉の柚子ポン炒め

材料 | 2人前

豚ばら肉（3cm幅）… 200g
キャベツ（ひと口大）… 1/4玉
塩 … 少々
こしょう … 少々
A｜柚子胡椒 … 小さじ1
　｜ポン酢 … 大さじ3
大根おろし … 適量
青ねぎ（刻む）… 2本
油 … 適量

つくり方

1. フライパンに油を熱し、豚肉を炒め、肉の色が変わったらキャベツを入れ、塩、こしょうを振る。

2. 1のキャベツがしんなりしたら、混ぜ合わせたAを回し入れ、さっと炒め合わせる。

3. 2と大根おろしを器に盛り、青ねぎを散らす。

割烹の知恵

全体の味を調和させるため、キャベツの硬い芯は斜めにスライスし、大きさを切りそろえて。肉にしっかり火が通り、色が変わってからキャベツを加えます。

野菜が少し余ったときや、もう一品欲しいとき、いろんな野菜で作れます。

スナップえんどうのめんつゆ浸し

材料 | 2人前

スナップえんどう … 12本
めんつゆ … 大さじ3
すりごま … 適量

つくり方

1 スナップえんどうは筋を取り、熱湯で1分ゆでる。

2 冷水に取ってざるに上げ、水分をよくふき取る。

3 容器にめんつゆと2を入れ、上から落としラップをして冷蔵庫で1時間ほど寝かせる。器に盛り、ごまを振る。

割烹の知恵

スナップえんどうの筋は背側を下(お尻側)から上に軽く引っ張って取り、ヘタを折って今度は腹側を上から下へと引っ張るときれいに取れます。

さっぱりとした和風マリネ。美しい彩りが食欲をそそり、作り置きできるのもうれしい。

夏野菜の焼き浸し

材料 | 2人前

ナス … 2本
ズッキーニ … 1本
オクラ … 1本
長ねぎ … 1本
赤ピーマン … 2個
A | 水 … 400㎖
　| みりん … 100㎖
　| しょう油 … 100㎖
　| 酢 … 100㎖
　| 砂糖 … 大さじ1
　| 顆粒だし … 小さじ½
しょうが (すりおろし) … 大さじ3
油 … 適量
大葉、みょうが (ともに千切り)
　… お好み

つくり方

1. ナスとズッキーニはヘタを取って長さを半分に切り、さらに6等分に切る。オクラは塩もみしてヘタをぐるりとむき、長ねぎは5cm幅に切り、それぞれ数ヵ所隠し包丁（切り込み）を入れる。赤ピーマンは半分に切る。

2. フライパンにAを入れて火にかけ、沸騰したら火を止めてバットに移し、しょうがを加える。

3. フライパンに油を熱し、1の野菜を全体に焼き色がつくまで焼き、熱いうちに2のバットに入れて漬け込む。途中、油が足りないときは足す。

4. 全部漬け込んだら、上から蓋をするようにキッチンペーパーをのせ、粗熱が取れるまでおく。

5. 4を器に盛り、お好みで大葉、みょうがをあしらう。

割烹の知恵

野菜は一度にフライパンに入れず、
それぞれをじっくりと焼いていきます。
ナスは皮目から焼き、長ねぎは焦げ目をつけて。
別々に焼くことで野菜の持ち味を引き出します。

旬を感じる野菜料理

冷蔵庫に卵とトマトが！迷わずこれにしよう。あっという間に完成です。

トマトと玉子のふわとろ炒め

材料 | 2人前

卵 … 3個
トマト（8等分）… 1玉
A | 砂糖 … 小さじ1
　| 塩 … ひとつまみ
　| 酒 … 大さじ1
B | 砂糖 … 小さじ½
　| 塩 … ひとつまみ
　| 酒 … 大さじ1
ごま油 … 大さじ1

つくり方

1. ボウルにトマトを入れ、**A**で下味をつける。
2. 別のボウルに卵を割り入れ、**B**を加えて溶きほぐす。
3. フライパンにごま油を強火で熱し、**2**を流し入れる。へらで大きく円を描くように炒め、半熟状になったらボウルに戻す。
4. 同じフライパンにごま油大さじ1（分量外）を足し、**1**のトマトを炒める。トマトがとろりとしたら**3**を戻し入れ、全体をさっと炒め合わせる。

割烹の知恵

シンプルな玉子料理。
ポイントは火加減です。
玉子は火を入れすぎないように注意し、
トマトは中火で炒めます。
玉子を戻したら一気に仕上げて。

ビール酵母の漬けものです。アルコールは飛んでしまうのでビールは飲み残しでも大丈夫。

きゅうりのビール漬け

材料 | 2人前

きゅうり…5本
塩…大さじ1
A | 塩…大さじ1と1/3
　　砂糖…大さじ7
　　昆布…3cm角1枚
　　赤唐辛子(輪切り)…1本
　　ビール…150mℓ

つくり方

1　きゅうりは板ずりしたあと、20分ほどおく。

2　1の塩を洗い流し、水気を取って両端を落とす。

3　清潔な保存容器に2とAを入れて落としラップをし、冷蔵庫で1〜2日おく。

4　漬かったきゅうり（水洗いはしない）を食べやすい大きさに切る。3の昆布は細切りにして散らす。

割烹の知恵

きゅうりは板ずりをすることで
表面のとげが取れ、
漬け汁もしみ込みやすくなります。
粗塩を使用し、きゅうりが
しっとりすれば完了。

旬を感じる野菜料理

ゴーヤも熱湯で下処理するとほとんど苦味はなくなります。みその香りもいい。おかわり！

ゴーヤの冷や汁

材料 | 2人前

豆腐（もめんを推奨）…½丁
ゴーヤ（種とわたを取り薄切り）…½本
みょうが（小口切り）…1本
小ねぎ（小口切り）…2本
しょうが（みじん切り）…1かけ
A｜みそ…大さじ4
　｜すりごま…大さじ2
だし汁…500ml
B｜みりん…大さじ1
　｜しょう油…大さじ½
大葉（千切り）…5枚

つくり方

1 ゴーヤの苦味を取るため、切ったゴーヤをボウルに入れ、熱湯を注いで15分おく。水洗いして水気を切る。

2 混ぜ合わせたAを、アルミホイルに平たく塗って、オーブントースターで焼き色がつくまで焼く。

3 2をボウルに移し、だし汁を少しずつ加えて溶きのばす。

4 3にBを加えて混ぜ合わせ、豆腐は水切りし（P25の割烹の知恵参照）手で粗くくずしながら加える。1と、みょうが、小ねぎ、しょうがを入れ、冷蔵庫で15分ほど寝かせる。

5 茶碗にお好みの量のごはんを盛り、4をかけて大葉を散らす。

みそを焼くことで香ばしい香りと旨みがアップ！オーブントースターを使えばより手軽に作れます。

ごはんにこれさえあれば、他に何もいらない！おにぎりや麺にもいいなぁ。

大葉のしょう油漬け

材料｜4人前

大葉 … 30枚
A
　にんにく（すりおろし） … 小さじ1
　みそ … 小さじ2
　豆板醤 … 小さじ1
　しょう油 … 大さじ6
　みりん … 小さじ2
　水 … 大さじ2
　ごま油 … 大さじ2
　ごま … 大さじ2

つくり方

1　大葉はよく水で洗い、キッチンペーパーで水気を取る。

2　ボウルにAを入れて混ぜ合わせる。

3　保存容器に1の大葉を重ならないように並べ、Aを塗るようにつける。上に大葉をのせて再びAを塗るようにつける。これを繰り返す。

4　3に落としラップをして1時間漬け込む。

割烹の知恵

大葉とタレを交互に重ね味をなじませます。落としラップをすると、調味液が均等に行き渡って味がしみ込みやすくなります。しっかり密着するように覆いましょう。

旬を感じる野菜料理

シャキシャキした食感で食べ飽きないなぁ。常備菜にも活躍する一品。

きんぴられんこん

材料｜2人前

れんこん … 1ふし（200g）
赤唐辛子 … 1本
A｜砂糖 … 大さじ1
　｜酒 … 大さじ1
　｜みりん … 大さじ1
　｜しょう油 … 大さじ1と½
ごま … 大さじ3
ごま油 … 適量

つくり方

1. れんこんは皮をむいて縦半分に切り、1〜2mm幅の薄切りにしたあと、軽く水にさらして水気を切る。赤唐辛子は種を取り、輪切りにする。

2. フライパンにごま油を熱し、**1**のれんこんを炒める。

3. 表面に軽く焼き色がついたら、**A**を加え、全体に味がからんだら、ごまと赤唐辛子を入れてさっと混ぜ合わせる。器に盛り、追いごまを振る。

れんこんは軽く水にさらし、
アクや余分なでんぷんを取り除きます。
焼き色がつくまでよく炒めると、
水分が飛んで味がしっかりとからみ、
おいしさがアップ。

旬を感じる野菜料理

> ナスがとろっと焼けてしっかり肉の旨みが染み込んでいるなぁ。

秋ナスと豚肉のみそ炒め

材料 | 2人前

豚ばら肉（3cm幅）…200g
ナス（乱切り）…2本
A | みそ…大さじ2
　| 酒…大さじ2
　| みりん…大さじ1
　| しょう油…大さじ1
　| 砂糖…大さじ1
　| にんにく（すりおろし）…小さじ1/2
ごま油…大さじ2
油…小さじ2
ごま…適量

つくり方

1. フライパンに油を熱し、豚肉を炒め、いったん取り出す。

2. 同じフライパンにごま油を足し、水気をふき取ったナスを皮目からじっくり炒める。

3. ナスに焼き目がついたら、豚肉を戻し入れ、混ぜ合わせたAを加えて全体にからませる。仕上げにごまを振り、器に盛る。

割烹の知恵
ナスは、皮目から焼くと油でコーティングされ、鮮やかな紫色に仕上がります。先に肉を炒め、肉の旨みをたっぷりナスに吸わせましょう。

> 価格と品質が安定している きのこは家庭割烹の味方! バターの香りもいいね。

いろいろきのこのホイル焼き

材料 | 2人前

エリンギ … 1本
生椎茸 … 2枚
舞茸 … ½パック
しめじ … 1パック
エノキ … ½パック
A | 塩 … 小さじ1
　 | 酒 … 大さじ2
レモン（薄切り）… 適量
バター … 10g
B | 小ねぎ … 少々
　 | ポン酢 … 大さじ2
　 | 柚子胡椒 … お好み

つくり方

1. きのこはすべて石づきを取り、食べやすい大きさに手でさく。
2. ボウルに1を入れ、Aを加えて手でやさしく混ぜ合わせる。
3. アルミホイルにバター（分量外）を薄く塗り、レモン、2、バターの順にのせて包む。
4. フライパンに鍋底から2cmほど水を入れ、3を入れて蓋をし、8分蒸し焼きにする。
5. Bを混ぜ合わせ、4にかける。

きのこは、手でさくと
繊維にそってさけるため
切り口が不規則な形になり、
調味料がからみやすくなります。
包丁を使わず洗い物も減らせます。

割烹の知恵

旬を感じる野菜料理

甘いさつまいもとごぼうの食感が楽しいサラダだなぁ。思わず笑顔になるおいしさだ。

さつまいもとごぼうのサラダ

材料 | 2人前

さつまいも（千切り）…1本
ごぼう（千切り）…1本
A｜水…1500㎖
　｜塩…小さじ1
　｜砂糖…小さじ1
B｜マヨネーズ…大さじ3
　｜砂糖…小さじ2
　｜しょう油…小さじ2
　｜黒胡椒…ふたつまみ
　｜白ごま…大さじ1

つくり方

1. さつまいもは塩水（分量外）、ごぼうは水（分量外）にそれぞれ5分浸けてアクを抜く。

2. 鍋にAを入れてさつまいもをゆでる。2分経ったらごぼうも加え、アクを取りながら2分ゆで、ざるに上げて冷ます。

3. 混ぜ合わせたBと2をあえる。

割烹の知恵

さつまいもとごぼうは、包丁で切った断面からアクの成分がにじみ出て、空気に触れると酸化して黒ずむため、5分ほど水に浸けてから使いましょう。

ねっとりなめらか！
じゃがいものコロッケとは
また違うおいしさだなぁ。

里いもコロッケ

材料｜2人前

合い挽き肉 … 100g
里いも … 3、4個 (200g)
A｜酒 … 大さじ2
　｜みりん … 大さじ2
　｜しょう油 … 大さじ1
薄力粉 … 適量
卵 (溶いたもの) … 1個
パン粉 … 適量
サニーレタス … 適量
油 … 小さじ2
揚げ油 … 適量

つくり方

1. 里いもは皮つきのままよく洗い、鍋に水とともに入れて火にかけ、ゆでる。竹串がすっと刺さるようになったら皮をむき、熱いうちにつぶす。

2. フライパンに油を熱し、合い挽き肉を炒め、肉の色が変わったらAで味をつける。

3. ボウルに1、2を合わせ、6等分の丸型にまとめる。

4. 3に薄力粉、溶き卵、パン粉の順に衣をつけ、175度の揚げ油できつね色になるまで揚げる。

5. 器に4を盛り、サニーレタスを添える。

割烹の知恵

里いもは、冷めると硬くなってつぶしにくくなるので、ゆで上がりの熱々のうちにヘラなどでつぶしましょう。中央に切り込みを入れておくとかんたんに皮がむけます。

できるな！と唸らせるプロの味。鶏ひき肉を加えたみそで食べ応えと味わいが増すなぁ。

下ゆでをした大根を冷水で洗うと、急な温度変化で繊維が締まり、硬くなるので、水ではなく、ぬるめの湯で洗いましょう。厚めにむいた皮はポン酢漬け（P86）に利用して。

割烹の知恵

ふろふき大根

材料｜2人前

鶏ひき肉 … 50g
大根 … 1/2本
A｜水 … 1000㎖
　　昆布 … 6cm角1枚
　　塩 … 小さじ1
　　酒 … 小さじ1
　　薄口しょう油 … 小さじ1
B｜みそ … 大さじ5と1/2
　　酒 … 大さじ1
　　みりん … 大さじ1
　　砂糖 … 大さじ3
　　卵黄 … 1個

つくり方

1　大根を3cm幅に切って厚めに皮をむき、面取りをして十字に隠し包丁をする。

2　鍋に1、米の研ぎ汁を入れて大根をゆで、竹串がすっと刺さるようになったら鍋から取り出し、ぬるめの湯で洗う。

3　鍋に2とAを入れ、20分ほど煮る。

4　別の鍋にBを入れて混ぜ合わせ、火にかける。ふつふつと気泡が出たら鶏ひき肉を加え、さらに3分ほど練り合わせる。

5　器に3の大根を盛り、4をのせる。お好みで3の昆布も添える。

> たんぱく質がたっぷりとれて筋肉がよろこんでいるなぁ。明日もがんばれそうだ。

ブロッコリーとささみのアンチョビソースかけ

材料 | 2人前

- ささみ（P32の処理済みのもの）…2本
- ブロッコリー…1房
- アンチョビ（オイル漬けのもの）…2枚
- A
  - にんにく（みじん切り）…1かけ
  - 塩…少々

つくり方

1. ブロッコリーは小房に切り分ける。アンチョビは包丁で細かく刻み、ペースト状にする。オイルは取っておく。

2. フライパンに湯を沸かして塩小さじ1（分量外）を入れ、1のブロッコリーを1分30秒ゆでる。そのままの湯に、ささみを入れ、蓋をして火を止め、10分おいて取り出し、ひと口大に切る。

3. フライパンにA、1のオイルとアンチョビを入れて弱火にかけ、フライパンをゆすりながら、にんにくがきつね色になるまで炒める。

4. 2を器に盛りつけ、3を全体にかける。

割烹の知恵

ブロッコリーは、やわらかくゆですぎると食感がぼやけてしまうほかビタミンなどの栄養素も損なわれます。熱湯で1分ほど硬めにゆでてください。

ツナ缶とにんじんは実によく合うなぁ。甘みも増してグッド！

にんじんしりしり

材料 | 2人前

ツナ…1缶
にんじん（千切り）…1本
A｜白だし…小さじ2
　｜みりん…小さじ2
　｜薄口しょう油…小さじ2
ごま油…適量
白ごま…適量

つくり方

1　フライパンにごま油を熱し、にんじんを炒める。

2　にんじんがしんなりしたら、ツナ（缶の液ごと）とAを加え、手早く炒め合わせる。

3　2を器に盛り、ごまを振る。

割烹の知恵

にんじんは、厚みと長さをそろえて切りましょう。火の通りが均一になり、味にばらつきが出ません。また、見た目も美しく仕上がりにんじんのシャキシャキした食感が楽しめます。

旬を感じる野菜料理

ほうれん草に半熟玉子がとろっとからみ、せせりもジューシーで絶妙な味わいだ。

ほうれん草とせせりの玉子炒め

材料 | 2人前

せせり（ひと口大）… 100g
ほうれん草（4等分）… 1束
卵（溶いたもの）… 3個
A｜酒… 大さじ1
　｜しょう油… 小さじ1
　｜片栗粉… 小さじ½
　｜塩… ひとつまみ
　｜こしょう… ひとつまみ
B｜酒… 大さじ1
　｜しょう油… 大さじ1
　｜塩… ひとつまみ
　｜黒胡椒… ひとつまみ
ごま油… 大さじ1

つくり方

1. せせりにAをからめる。

2. フライパンにごま油を熱し、溶き卵を流し入れる。へらで大きくかき混ぜ、半熟になったらいったん取り出す。

3. 同じフライパンにごま油小さじ2（分量外）を足して1を炒め、焼き色がついたら、ほうれん草とBを入れて手早く炒める。

4. 3のほうれん草がしんなりしたら2を戻し入れ、全体をさっと炒め合わせると完成。

ほうれん草の根元は栄養たっぷり。捨てずに使い切りましょう。根を縦に切り、水につけておくと細かい泥も取れやすくなります。

割烹の知恵

皮つきのじゃがいもで
コクも強まるなぁ。
食べ応えがあり、大満足！

ジャーマンポテト

材料 | 2人前

ウィンナー（ひと口大）… 4本
じゃがいも … 3個
玉ねぎ（1cm幅）… 1/2個
にんにく（みじん切り）… 1かけ
A │ 塩 … ふたつまみ
　│ こしょう … ふたつまみ
　│ バター … 20g
　│ しょう油 … 少々
オリーブ油 … 少々
パセリ（みじん切り）… 適量

つくり方

1 じゃがいもは皮つきのまま、鍋に水とともに入れて火にかけ、沸騰して4分ほどゆで、厚めの輪切りにする。

2 フライパンにオリーブ油を熱し、1のじゃがいもを焼く。こんがりと焼き色がついたら、ウィンナー、玉ねぎ、にんにくを加えて炒め合わせ、Aで調味する。

3 2を器に盛り、パセリを散らす。

割烹の知恵

じゃがいもは皮つきのまま使うと
ビタミンCやでんぷんの
流出が抑えられ、
水っぽくならないので
本来のほくほくした食感が楽しめます。

column

できるだけ使い切る！ 割烹の教え

　もともと和食には、徹底的に食材を使い切り、無駄を出さないという考え方があります。でも店では、お客さまにいちばんきれいな部分だけをお出しするため、どうしても端材が出ます。「鯛茶」を看板メニューにする私の店では、月に使う鯛の量が3〜4トンにもなり、これを「なんとかしタイ！」と知恵を絞り、ついにふりかけにするようになりました。フードロスの削減は、店だけではなく家庭にも共通する課題。次のようなアイデアで食材をとことん使い切ってみませんか？

アイデア 1
アレンジいろいろ
大根の皮の ポン酢漬け

　大根の皮のまわりは繊維が多いため、火が通りにくいうえに煮込んでも筋っぽく、味もしみ込んでいきません。大根をきれいに洗ったら、皮の3mmほど内側のところに白い筋があるので、思い切ってそこまで厚く皮をむきましょう。
　残った皮は幅5mm程度の細切りにし、好みのポン酢に漬けるだけで一品に。ポリ袋に入れ、半日以上、できれば1日漬けると味がよくなじみます。刻み昆布や柚子の皮、赤唐辛子を入れると、さらに美味。おつまみにもぴったりです。

アイデア

アイデア 2
酒のおつまみにも最高！
昆布締めの昆布揚げ

　鯛の昆布締め（P104）に使った昆布は、ちょっとしゃれたおつまみになります。
　作り方はかんたん。まずハサミで細切りにします。包丁ではなかなか切りにくいので、ハサミを使うのがおすすめです。それをざるなどに入れ、よく乾かしましょう。冷蔵庫の中に入れていても乾きますよ。よく乾かしたら、160度の油で3分ほど素揚げします。少し長いようですが、こうするとパリパリの食感に。2度揚げにしてもいいですね。仕上げに粗塩を振って、召し上がれ！

アイデア 3
塩だけで十分おいしい
野菜の端材で作るスープ

　ごみとして捨てる端材から、おいしいスープができるのをご存じですか？　玉ねぎの根の部分と茶色い皮、にんじんのヘタと皮、オクラのヘタ、パセリの茎など、野菜くずならなんでもOKです。
　鍋に放り込み、かぶるより少し多めの水を入れたら、沸騰するまでは強火で、あとは弱火で、アクを取りながら30分以上煮込んでこせば完成です。塩、こしょうで味つけするだけでもいいし、かきたま汁にしたり、カレーにしたり。みそ汁や煮物などにも使える万能のベースになります。

旬を感じる野菜料理

四 お酒と合わせる魚介料理

私にとって家で食べる魚介料理は、もう絶対に「アテ」！
魚介こそ、お酒の最高のパートナーだと思っています。
ペアリングとしておすすめしたいお酒のジャンルも
つぶやいていますので、ご参考に！

みそ煮の深いコクと甘みに
どっしりとした純米酒が
抜群に調和するなぁ。

さばのみそ煮

材料｜2人前

生さば(2枚おろし※塩処理していないもの)
　…1尾分
長ねぎ(斜め切り)…1本
ナス…1本
しょうが(千切り)…2かけ
A｜水…400mℓ
　｜酒…150mℓ
　｜砂糖…大さじ3
B｜しょう油…大さじ1と1/3
　｜みそ…大さじ4

つくり方

1. ナスは縦半分に切り、隠し包丁を入れ食べやすい大きさに切る。

2. さばは2等分にし、火が通りやすいように皮に十字の切れ目を入れ、熱湯にさっとくぐらせて霜降りにし、冷水で洗う。

3. フライパンにAを入れて火にかけ、砂糖を溶かしながらひと煮立ちさせる。

4. 3に1と2、長ねぎ、しょうがを入れて火にかける。沸騰したらアクを取り、落とし蓋をして10分煮る。

5. 混ぜ合わせたBを入れ、再び落とし蓋をしてさらに5分煮る。ナスとねぎとともに器に盛る。

熱湯にくぐらせて氷水に取り、うろこや血を取り除きます。このひと手間で臭みや雑味が抑えられます。調味料を2回に分けて入れるのもポイント。

割烹の知恵

ぶりの旨み、大根の甘みとシャンパンのさわやかな酸味&泡とのマリアージュ。

割烹の知恵

ぶりは長時間煮ると、身がパサつく原因に。
火を通しすぎないよう、いったん取り出すことで
しっとりと仕上げることができます。
大根は長めに煮て、しみしみに仕上げましょう。

ぶり大根

材料 | 2人前

ぶり … 2切れ
大根 … 1/8本
A | 水 … 300mℓ
　 | 酒 … 150mℓ
　 | みりん … 180mℓ
しょう油 … 60mℓ
しょうが … 適量
針しょうが … お好み

つくり方

1 大根は2cm幅の半月形に切り、面取りをして下ゆでをする。

2 ぶりは表面に塩少々（分量外）を振って20分おく。そのあと水洗いし、熱湯で霜降りし、うろこを取る。

3 鍋にAと1を入れて火にかけ、10分ほど煮る。

4 3に2と臭み消しのしょうがを入れて2分煮る。しょう油を加え、さらに5分ほど煮る。

5 4のぶりをいったん取り出し、大根だけを15分ほど煮る。

6 取り出したぶりを鍋に戻し入れ、5分ほど煮て汁を煮詰める。器に盛り、針しょうが（しょうがを千切りにし、水にさらしたもの）をお好みで添える。

お酒と合わせる魚介料理

外はサクサク。中はふっくら。ハイボールの爽快感でアジの旨みが引き立つなぁ。

アジフライ

材料｜2人前

アジ（3枚おろし）…2尾分
塩…少々
こしょう…少々
〈バッター液〉
　卵…1個
　牛乳…大さじ1
　薄力粉…大さじ2
パン粉…適量
揚げ油…適量
〈タルタルソース〉
　ゆで卵（みじん切り）…1個
　玉ねぎ（みじん切り）…1/2個
　パセリ（みじん切り）…少々
　しば漬け（みじん切り）…小さじ2
　マヨネーズ…大さじ3
中濃ソース、パセリ、レモン
　…お好み

つくり方

1　アジに塩少々を振り、10分ほどおいて水気をふき取る。

2　1に塩、こしょうをして薄力粉（分量外）を薄くまぶし、バッター液、パン粉の順に衣をつけ、170度の揚げ油で3〜4分揚げる。

3　タルタルソースの材料を混ぜ合わせる。2を器に盛り、タルタルソースと、お好みで中濃ソース、パセリ、レモンを添える。

割烹の知恵
アジフライは、低温でじっくり揚げると、ふっくらと仕上がります。

洗練された鯛のオードブルはよく混ぜて召し上がれ。白ワインと合わせると最高!

鯛の中華風サラダ

材料 | 2人前

鯛刺身用(柵) … 背身1本
にんじん(千切り) … 2cm
大根(千切り) … 2cm
きゅうり(千切り) … 1/4本
長ねぎ … 5cm
かいわれ大根(ひと口大) … 適量
カシューナッツ … 適量
ワンタンの皮 … 5枚

A｜砂糖 … 大さじ1
　｜酢 … 大さじ1
　｜しょう油 … 大さじ2
　｜ごま油 … 小さじ1
　｜ラー油 … 少々

つくり方

1 長ねぎは針ねぎにして、にんじん、大根、きゅうり、かいわれ大根とざっと混ぜておく。

2 カシューナッツは細かく砕き、ワンタンの皮は1cm幅に切って揚げ油(分量外)で揚げる。

3 鯛を薄く切って器に盛りつけ、1をのせる。2をトッピングし、Aを混ぜ合わせたタレを回しかける。

割烹の知恵

刺身用の鯛の柵は軽く塩を振りさっと水洗いをすると、臭みや汚れ、ぬめりが取れ、すっきりと仕上がります。水気はよくふき取りましょう。

お酒と合わせる魚介料理

熱燗と合わせると最高だ。「なめるほどおいしい」が名前の由来とか。納得！

なめろうは、まな板の上で
叩くように切ることで
魚の繊維が壊れ、
旨みが引き出されます。
みそや薬味とも
よく混ざり合い
一体感のある味わいに。

割烹の知恵

サーモンのなめろうのり巻き

材料 | 2人前

サーモン刺身用…100g
A みょうが(みじん切り)…1個
　 しょうが(みじん切り)…小さじ1
　 大葉(みじん切り)…3枚
　 小ねぎ(小口切り)…1本
　 みそ…大さじ1
　 しょう油…小さじ1
焼きのり(炙る)…1枚(手巻き寿司サイズ)
すだち…お好み

つくり方

1 サーモンの水気を軽く取り、適当な大きさにざく切りにする。

2 混ぜ合わせたAを1に加え、みそがまんべんなく混ざるように、まな板の上で叩くように切る。

3 よく混ざったら、のりの上にのせ、巻き寿司の要領で巻く。6等分に切り、器に盛ってお好みですだちを添える。

お酒と合わせる魚介料理

> 切るだけのシンプルな料理は盛りつけで決まります。まぐろの赤、たくわんの黄、ねぎとオクラの緑、長いもの白をバランスよく配置。中央を高く立体的に盛りつけます。しば漬けが味と食感のアクセント。

割烹の知恵

> 焼きのりに包んでパクッ！冷たい吟醸酒を合わせるとまぐろの味が引き立つなぁ。

まぐろ納豆

材料｜2人前

納豆 … 1パック
まぐろ（賽の目切り）… 100g
オクラ … 1本
長いも（皮をむいて賽の目切り）
　　… 2cm
しば漬け（粗みじん切り）
　　… 小さじ2
たくわん（賽の目切り）
　　… 小さじ2
青ねぎ（小口切り）… 2本
卵黄 … 1個
A ｜ しょう油 … 小さじ1
　　 みりん … 小さじ1
　　 ごま油 … 小さじ1/2
焼きのり（炙って長辺を4等分）
　　… 4枚（手巻きサイズ）
辛子 … お好み

つくり方

1. オクラは塩もみをしてヘタをぐるりとむき、塩ゆでし、小口切りにする。納豆は混ぜて粘り気を出す。

2. すべての材料を混ぜ合わせて盛りつけ、中央に卵黄をのせる。

3. 混ぜ合わせたAを2にかけ、のりと、お好みで辛子を添える。

> 焼酎のすっきりとした風味がイカの旨みと調和するなぁ。濃厚な後味もさっぱりだ。

イカ大根の柚子風味

材料 | 2人前

イカ … 1杯
大根 … 1/8本
柚子の皮（香り付け用）… 1/2個分
A｜だし汁 … 400ml
　｜酒 … 大さじ2
　｜みりん … 大さじ2
　｜しょう油 … 大さじ2
　｜砂糖 … 大さじ1
柚子の皮（すりおろし）… 適量

つくり方

1. イカは身とゲソに分け、身は1cm幅の筒切り、ゲソは2〜4等分に切る。

2. 大根は2cm幅の半月切りにして面取りをする。米の研ぎ汁で竹串がすっと刺さるくらいまでゆで、湯洗いをする（P81の割烹の知恵参照）。

3. 鍋にA、1、2を入れて火にかける。煮立ったら2分ほど煮てイカを取り出し、落とし蓋をして大根を20分煮る。

4. 3にイカを戻し、香り付け用の柚子の皮を入れて5分煮る。器に盛り、すりおろした柚子の皮を散らす。

割烹の知恵

イカは加熱しすぎると硬くなるので、途中でいったん取り出します。煮物は常温で冷ましたあと、再び加熱することで味がしみ、よりおいしく仕上がります。

ピリ辛のエビチリには
やっぱり紹興酒だなぁ。
芳醇な味わいに旨さ倍増！

エビチリ

材料｜2人前

エビ…8尾
A ｜ 塩…ふたつまみ
　　 片栗粉…小さじ1
　　 水…大さじ1
片栗粉…適量
B ｜ しょうが（すりおろし）…小さじ½
　　 にんにく（すりおろし）…小さじ½
　　 ケチャップ…大さじ2
　　 豆板醬…大さじ½
C ｜ 鶏がらスープの素…小さじ1
　　 塩…ひとつまみ
　　 こしょう…ひとつまみ
　　 砂糖…小さじ½
　　 水…180㎖
油…大さじ2
長ねぎ（みじん切り）…½本
〈水溶き片栗粉〉
　　 片栗粉…大さじ1
　　 水…大さじ2

つくり方

1 エビは背わたを取ってボウルに入れ、Aを入れてもみ洗いをし、流水で洗い、水気をふき取る。

2 フライパンに油を熱し、1のエビに片栗粉をまぶして焼き、エビの色が変わったらいったん取り出す。

3 2のフライパンに、混ぜ合わせたBを入れて弱火にかける。香りが立ってきたら、Cを入れて煮立たせ、2のエビと長ねぎ（飾り用にふたつまみ分は残す）を加えてさっと火を通す。水溶き片栗粉を加え、とろみをつける。

4 器に盛り、飾り用のねぎを散らす。

割烹の知恵

エビをいったん取り出し調味料だけにしっかり火を通すことで香りや旨みを引き出し、おいしさを格上げします。

> サクサクの衣からじゅわっとあふれるカキの濃厚な旨み…。ビールがどんどん進む!

カキフライ

材料 | 2人前

カキ … 10個
A｜塩 … ふたつまみ
　｜片栗粉 … 大さじ1
　｜水 … 大さじ1
塩 … 少々
こしょう … 少々
薄力粉 … 適量
〈バッター液〉
　｜卵 … 1個
　｜牛乳 … 大さじ1
　｜薄力粉 … 大さじ2
パン粉 … 適量
揚げ油 … 適量

つくり方

1 カキとAをボウルに入れて振り洗いをし、流水で洗い、水気をふき取る。

2 1に塩、こしょうをして薄力粉をまぶし、バッター液、パン粉の順に衣をつけ、170度の揚げ油で4分ほど揚げる。

3 器に2を盛り、タルタルソース（合わせる材料はP23参照）と中濃ソースを添える。

割烹の知恵

カキは、ひだの部分など細かい部分に残った汚れを見落としがちです。ていねいに振り洗いをし、きれいに取り除きましょう。片栗粉が灰色に変わったら流水で洗い流します。

お酒と合わせる魚介料理

column

愛すべき鯛の真実と活用法

古くから日本人に愛されてきた鯛。「めでタイ」に通じることから、祝いの魚として定着しました。見栄えのする色や姿形、淡白でありながらもだしは濃く、刺身、吸いもの、煮もの、焼きものと、どんな料理にも向くところが、万人に好まれてきたゆえんでしょう。「割烹よし田」の名物は「鯛茶漬け」。それだけに、鯛については一家言あり、ちょっとうるさい私ですが、ここでは鯛のトリビアをいくつか披露しましょう。

トリビア 1

鯛の中に潜むもう1匹の鯛!?

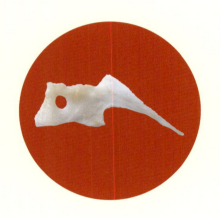

鯛の中には、もう1匹の鯛がいます。それがこれ。胸びれとえらの間にある、胸びれを動かすときに使う骨です。江戸時代には、鯛中鯛（たいちゅうのたい）と呼ばれ、縁起ものとしてお守りにされたそう。煮付けだと探しやすいので、見つけてみてください。

トリビア 2

福岡は全国でトップクラスの漁獲量！

福岡の真鯛は、全国でトップクラスの漁獲量を誇ります。平安時代の法典『延喜式（えんぎしき）』(927年)には、すでに筑前国の特産品として朝廷に献上されていたという記録も。「吾智網漁（ごちあみりょう）」と呼ばれる伝統的な鯛漁が今も継承され、福岡では獲れたての新鮮な鯛が店に並びます。

おすすめ鯛レシピ

甘辛く、こってりと煮た
あら炊きは最高だね！
煮汁をごはんにかけたい。

鯛のあら炊き

材料 | 2人前

鯛のあら … 1尾分
酒 … 100㎖
A｜砂糖 … 大さじ5と½
　｜みりん … 100㎖
　｜水 … 300㎖
しょう油 … 大さじ2
たまりしょう油（または刺身しょう油など、
　甘めのしょう油）… 大さじ4
針しょうが … 適量
木の芽 … お好み

つくり方

1 鯛は熱湯で霜降りにしたあと、流水で洗いながらうろこと血を取り除く。

2 鍋に1の鯛、酒を入れて火にかける。ひと煮立ちさせ、Aを砂糖、みりん、水の順番で入れる。再び沸騰したらアクを取り、落とし蓋をして5分煮る。

3 2にしょう油とたまりしょう油を入れ、落とし蓋をして10分ほど煮る。途中、煮汁を回しかけながら煮込み、しっかり味を染み込ませる。

4 3を器に盛り、針しょうが（P93参照）と、お好みで木の芽を添える。

割烹の知恵

骨が多く、煮くずれしやすい鯛のあら。
鍋に入れたら、さわったり動かしたりせず、
ぶくぶくと煮立った煮汁をお玉を使って
鯛に回しかけながら均一に味を行き渡らせます。

おすすめ鯛レシピ

使った昆布は再利用できます。

安いあらも、下処理次第!

鯛の昆布締め

材料 | 2人前

鯛刺身用（柵）
　… 背身1本
昆布 … 20cm長さ2枚
酒 … 小さじ1
塩 … 適量
わさび … 適量

つくり方

1. 昆布は酒でふき、軽く塩を振る。
2. 昆布の上に鯛をのせて全体に軽く塩を振る。鯛の上にも昆布をのせ、ラップで空気を抜くようにきつく包む。
3. 2に重しをのせ、冷蔵庫で1日おく。
4. 3を開いて鯛を切り、器に盛る。付け合わせに、昆布締めの昆布を刻んだものとわさびを添える。お好みでツマなども横に。

割烹の知恵

均一に昆布の味がなじむよう鯛の身全体に昆布を密着させ、重さが均等にかかるよう重しをオン。重しには、水を入れた1Lのペットボトルがぴったり。

鯛の潮汁

材料 | 2人前

鯛のあら … 1尾分
A｜昆布 … 5cm角1枚
　｜水 … 1000mℓ
B｜酒 … 小さじ1
　｜塩 … 小さじ1
　｜薄口しょう油 … 少々
針ねぎ … 適量

つくり方

1. 鯛のあらに塩（分量外）を振り、熱湯で霜降りにしたあと、氷水に取る。うろこや血を取り除き、水分をきれいにふき取る。
2. 鍋にA、1を入れて沸騰させないように火にかける。アクは丹念に取り除く。※時間があれば、このあと鯛をいったん引き上げ、汁をキッチンペーパーを敷いたざるでこす（この工程は時間がなければスキップ可）。
3. 2を火にかけ、Bで味をととのえる。2の※で鯛を取り出している場合、鍋に戻す。温まったら器に鯛を盛り、汁を注いで、針ねぎをあしらう。

割烹の知恵

あらは熱湯にさっとくぐらせて霜降りにし、氷水でうろこや血を取り除きます。えらの部分などは、ナイフを使うとうろこや汚れがきれいに落ちます。

[伍] ごはんが進む小鍋料理

へとへとに疲れて、何品も作る気力がない…。
そんな日は、具材たっぷりの「一汁」が活躍します。
気分に合わせてスープの味を選び、
冷蔵庫にあるものをポンッ。
それだけでもう立派なごちそうです

具材は「お好み!」が私のキホン

ベースにできる6つの味のスープ。

みそベース

みそを入れたら
煮立たせずに
香りを残して。

材料｜2人前

みそ（あれば2種類）… 大さじ11
しょう油 … 小さじ1
みりん … 小さじ1
しょうが（すりおろし）… 小さじ2
顆粒だし … 小さじ2
水 … 800㎖

つくり方

❶鍋に水を入れて沸かし、顆粒だし、しょう油、みりん、しょうがを入れ、みそを溶き入れる。

❷具材を入れる。

おすすめの具材

・豚肉 ・ごぼう ・油揚げ
・ぶり ・大根
・カキ ・里いも

しょう油ベース

梅干しの酸味は
煮込むと
旨みに変わる。

材料｜2人前

しょう油 … 100㎖
みりん … 100㎖
梅干し … 2個
顆粒だし … 小さじ1
水 … 800㎖

つくり方

❶鍋に水を入れて沸かし、材料をすべて入れる。

❷梅干しがやわらかくなり、果肉がはがれてきたら、種を除き、具材を入れる。

おすすめの具材

・牛肉 ・白菜 ・生麩
・ぶり ・春菊
・ホタテ ・レタス

塩ベース

スープをとった
鶏肉がそのまま
具材になる。

材料｜2人前

骨付き鶏肉（手羽先）… 6〜8本
塩 … 小さじ1と½
酒 … 100㎖
にんにく（薄切り）… 1かけ
しょうが（千切り）… ⅔かけ
鶏ガラスープの素 … 大さじ1
水 … 800㎖

つくり方

❶鍋に材料をすべて入れ、強火にかける。

❷煮立ったらアクを取り除き、弱火にして10分煮込む。

❸具材を入れる。

おすすめの具材

・鶏肉 ・キャベツ ・春雨
・たら ・かぶ
・エビ ・ほうれん草

汁ものは、基本のスープの味付けさえ覚えておけば、具材は冷蔵庫にあるものでどうにでもなります。小鍋仕立てにして「一汁」にするもよし。具材の種類やボリュームを増やして、みんなで囲む大鍋にするもよし。バリエーションは無限大なので、アレンジを楽しんでください。

ワインやハイボールに合う沢煮のアレンジ鍋。

【黒胡椒ベース】

材料｜2人前

黒胡椒 … 小さじ2
しょう油 … 大さじ3
みりん … 大さじ3
顆粒だし … 小さじ1
米酢 … 小さじ1
水 … 800㎖

つくり方

❶黒胡椒は粗挽きを包丁で叩いて香りを出す。

❷鍋に水を入れて沸かし、材料をすべて入れ、香りが立ってきたら具材を入れる。

おすすめの具材

・豚肉　・白ネギ
・まぐろ　・きのこ類
・イカ　・小松菜

練りごまのコクとすりごまの香りで風味が倍増。

【ごまベース】

材料｜2人前

すりごま … 大さじ1
薄口しょう油 … 大 2
しょう油 … 小さじ1
みりん … 小さじ2
顆粒だし … 小さじ1
練りごま … 大さじ2
みそ … 大さじ1
水 … 800㎖

つくり方

❶鍋に水を入れて沸かし、薄口しょう油、しょう油、みりん、顆粒だしを入れる。

❷煮汁を少し器に取り、練りごまとみそを溶かし、鍋に戻し入れる。

❸具材とすりごまを入れる。

おすすめの具材

・鶏肉　・豆苗　・豆腐
・鮭　　・れんこん
・エビ　・かぼちゃ

まろやかな豆乳のコクがどんな具材も引き立てる。

【豆乳ベース】

材料｜2人前

豆乳 … 400㎖
顆粒だし … 小さじ1
みそ … 大さじ3
水 … 400㎖

つくり方

❶鍋に水を入れて沸かし、顆粒だしを入れ、みそを溶き入れる。

❷豆乳を入れたら、煮立たせないようにして具材を入れていく。

おすすめの具材

・牛肉　・じゃがいも　・チーズ
・鮭　　・トマト
・カニ　・水菜

ごはんが進む小鍋料理

一品だと物足りない豚汁も小鍋仕立てにすると満足感のあるごちそうに。

【 みそベース 】
鍋仕立ての豚汁

材料 | 2人前

豚薄切り肉 (ひと口大) … 250g
大根 (大きめの乱切り) … 1/4本
にんじん (大きめの乱切り) … 1/2本
ごぼう … 1/2本
厚揚げ (6等分) … 1丁
こんにゃく (ひと口大) … 1袋
みそベーススープ … 800mℓ
ごま油 … 適量
青ねぎ … 適量
一味唐辛子 … 適量

つくり方

1. 鍋にたっぷりの湯を沸かして大根、にんじん、こんにゃくを入れ、5分ほど下ゆでをする。ごぼうはささがきにして (P53割烹の知恵参照) 水にさらす。

2. フライパンにごま油を熱し、豚肉を炒め、肉の色が変わったら、1を加えてさっと炒める。

3. 2を鍋に移し、みそベーススープ、厚揚げを加えて強火にかけ、沸騰したらアクを取って弱火に落とし、10分煮込む。器に盛り、青ねぎを散らし、一味唐辛子を添える。

最初に豚肉を炒め、
肉の旨みを引き出します。
そのあとに他の具材を入れ、
豚肉の旨みを具材全体に
まとわせることで、
さらに味わいが深まります。

余りがちなもちを活用した鍋。さっぱりしたたらに、カリッと揚がったもちが好相性だ。

割烹の知恵

たらは塩を振り、10分ほどおいて、じんわり表面に水分がにじんできたらさっと水洗いして水気をしっかりふき取ります。このひと手間で臭みや雑みのない鍋の完成。

【 しょう油ベース 】
たらと揚げもちのおろし鍋

材料 | 2人前

たら切り身 … 2切れ
大根（おろす）… 1/4本
切りもち（2等分）… 2個
せり（またはクレソン）… 適量
塩 … 少々
薄力粉 … 適量
揚げ油 … 適量
しょう油ベーススープ … 800㎖
揚げ油 … 適量
一味唐辛子 … … お好み

つくり方

1 たらは食べやすい大きさに切り、塩を振り、10分ほどおく。その後、水気をふき取り、薄力粉をまぶす。せりは食べやすい大きさに切る。

2 フライパンに揚げ油を170度に熱し、もち、**1**のたらの順にからりとなるまで揚げる。

3 土鍋にしょう油ベーススープを煮立たせ、**2**、大根おろしを加えて軽く煮込み、せりを加える。お好みで一味唐辛子を添える。

鍋の主役は、実は肉ではなく旨みたっぷりのスープとねぎ。シメはごはんにかけて。

【 塩ベース 】
焼きねぎと鶏肉のスープ鍋

材料 | 2人前

長ねぎ … 2本
油 … 適量
塩ベーススープ（スープ作りで煮た骨付き鶏肉または手羽先が入ったもの）… 800ml

つくり方

1. 長ねぎは5cm幅に切り、油を引いたフライパンで色よく焼く。

2. 塩ベーススープに1を入れ、好みのやわらかさに煮る。

ねぎは表面に隠し包丁を入れ、こんがりと焼き色をつけることで香りと甘みが増し、味わいが深まります。5cm幅に切りそろえ、じっくりと焼きましょう。

割烹の知恵

パンチが効いた大人の鍋料理。入れる野菜はなんでもいいよ。締めはラーメンで決まり！

【 黒胡椒ベース 】
千切り大根の黒しゃぶ鍋

材料 | 2人前

豚しゃぶしゃぶ用薄切り肉 … 200g
大根（太めの千切り）… ¼本
水菜（5cm幅）… 1袋
黒胡椒ベーススープ … 800㎖

つくり方

鍋に黒胡椒ベーススープを入れて強火にかけ、沸騰したら具材をすべて加え、肉で野菜を巻いて食べる。

割烹の知恵

黒胡椒の香りは、表皮や内部に含まれる精油成分によるもの。粗挽き黒胡椒をさらに包丁で叩いて砕くと、さわやかな香りが一気に広がり、ぐっとスパイシーな味わいに。

ごはんが進む小鍋料理

113

ピリッとした辛子がさらに味わいを引き立てるなぁ。

【 ごまベース 】
具だくさん納豆汁

材料 | 2人前

ひきわり納豆…3パック
豆腐（大きめの賽の目）…1/2丁
こんにゃく（下ゆでし、1cm角）…1/2袋
長ねぎ（斜め薄切り）…1本
ごまベーススープ…800㎖
辛子…お好み

つくり方

鍋にごまベーススープを煮立たせて豆腐、こんにゃく、長ねぎを加え、長ねぎに火が通り豆腐が温まったら、よく混ぜた納豆を最後に加え、ひと煮立ちさせると完成。お好みで辛子を添える。

割烹の知恵

みそとごまの香ばしい風味が広がるオリジナルの納豆汁です。納豆は粘りが出るまでよく混ぜ香りを損なわないよう最後に加えて。

まろやかな豆乳鍋には
少し発酵が進んだ
酸っぱいキムチがグッド！

【 豆乳ベース 】
豆乳チゲ鍋

材料 | 2人前

イカ … 1杯
エビ … 8尾
豆腐（大きめの賽の目）… 1/2丁
キムチ … 100g
長ねぎ（斜め薄切り）… 適量
A | 塩 … 小さじ1
　 | 片栗粉 … 小さじ1
　 | 水 … 大さじ1
豆乳ベーススープ … 800mℓ
針ねぎ … 適量

つくり方

1 エビは背わたを取り、**A**を加えてもみ洗いをする。流水で洗い流したあと、水気をしっかりふき取る。

2 イカは身とゲソに分け、ひと口大に切る。

3 鍋に豆乳ベーススープを入れ、**1**と**2**、豆腐、長ねぎ、キムチを入れ、イカとエビに火が通るまで弱火で煮る。仕上げに針ねぎをのせる。

割烹の知恵

豆乳には大豆由来の
たんぱく質が含まれるので、
高温で加熱すると固まってしまいます。
弱火から中火で加熱し
煮立たせないよう注意を。

column

心と時間に余裕がない日でもコレなら…
カンタン割烹だしのススメ

和食を作るのに欠かせない、だし。でも、昆布を30分ほど水につけておき、火にかけて沸騰直前に昆布を引き上げ、かつお節を加えてひと煮立ちさせる…という手間がかけられないときもありますよね。

そんなときは顆粒だしを活用すると、手間をかけずに安定した料理のベースが作れます。ただし、塩分は天然のだしより多めなので、味つけは控えめに。

ここでは、電子レンジでカンタンにだしを取る方法を紹介します。覚えておくと、とっても便利です。状況に応じて使い分け、家庭でもだしを楽しんでください。

用意するもの

・昆布 … 5cm角1枚
・削り節 … 3パック
・水 … 1000㎖

1 耐熱ボウルに水、昆布、削り節を入れる。

2 600Wの電子レンジで5分加熱する。

3 ざるにキッチンペーパーを敷いてこす。

〔六〕 他は何もいらない ごはんと麺の料理

一品で食卓が完結するのが、炊き込みごはんやチャーハン、麺ものです。
肉や野菜をたっぷりとれたり、スープまで味わえたりと、満足感もあります。
日々の献立に加えると、気持ちが楽になりますよ。

筍はほんのりごま油が香りあっさり上品な味わい。土鍋はおこげも楽しみだ。

筍ごはん

材料 | 2人前

米 … 2合
ゆで筍（1.5cm角）… 2本（1本200g相当）
　※皮つきの場合はP63の処理を行う
油揚げ（拍子木切り）… 7cm角2枚
ごま油 … 大さじ1
A｜水 … 350㎖
　｜昆布 … 5cm角1枚
　｜削り節 … 1パック
　｜酒 … 大さじ2
　｜薄口しょう油 … 大さじ2
　｜みりん … 大さじ2
三つ葉 … 適量

つくり方

1. 筍は、フライパンにごま油を引いて炒め、全体的に焼き色をつける。

2. 炊飯器に、研いだ米、A、1、油揚げを入れ、普通モードで炊く。

3. 茶碗に盛り、三つ葉をのせる。

〈土鍋バージョン〉　※1と盛りつけは上と同じ

2. 土鍋に、研いだ米、A、1、油揚げを入れ、強火にかける。

3. 沸騰したら中火で5分、弱火で15分炊き、火を止めて15分蒸らす。

割烹の知恵

三つ葉を添えると、香りが引き立ち、見た目もぐっと華やかに。淡白な味わいの筍ごはんと調和し、満足感も高まります。

他は何もいらないごはんと麺の料理

セロリそば

割烹の知恵

セロリは、香りが強い葉と、シャキシャキとした食感の茎、根の部分があり、これらの切り方を変えると香りが引き出されるほか、食感の違いも楽しめます。

材料 | 2人前

- 中華麺 … 2玉
- ささみ（P32の処理済みのもの）… 2本
- セロリ … 1本
- **A**
  - 塩 … ひとつまみ
  - こしょう … ひとつまみ
  - 酒 … 小さじ1
  - しょう油 … 小さじ1
  - 片栗粉 … ひとつまみ
  - ごま油 … 小さじ1
- 油 … 大さじ1
- **B**
  - 酒 … 大さじ1
  - しょう油 … 大さじ1
  - オイスターソース … 小さじ1
  - 砂糖 … 小さじ1
  - にんにく（すりおろし）… 小さじ1
  - 片栗粉 … 小さじ1
- **C**
  - 水 … 500ml
  - 鶏がらスープの素 … 大さじ2
  - 顆粒だし … 小さじ1/2
  - 塩 … 小さじ1/2
  - 薄口しょう油 … 小さじ1/2
  - 黒胡椒 … ひとつまみ
  - ごま油 … 大さじ1

つくり方

1. ささみは半分に開いて細切りにする。セロリは葉をざく切り、茎を小口切り、それより下の太いところを3等分にして縦に短冊切りにする。
2. ボウルにささみを入れて**A**で下味をつける。
3. フライパンに油を熱し、ささみをほぐしながら炒める。火が通ったらセロリの茎、**B**を入れ、最後にセロリの葉を入れてさっと炒め、器に取り出す。
4. 鍋に**C**を入れて火にかけ、スープを作る。
5. 中華麺を表示時間通りにゆでる。丼に麺と**4**を入れ、**3**をのせる。

さわやかなセロリの味と香りを楽しめる新感覚の汁そばはクセになる！

手羽先をとろとろまで煮ると旨みたっぷりで心まで満たされる。鶏もも肉で作るのもおすすめ。

鶏スープにゅう麺

材料 | 2人前

そうめん … 3把
手羽先 … 6本
A　水 … 2000ml
　　長ねぎの青い部分 … 1本分
　　しょうが(スライス) … 2/3かけ
B　薄口しょう油 … 大さじ2
　　しょう油 … 小さじ1
　　塩 … 小さじ1
　　みりん … 大さじ1
青ねぎ … 適量
黒胡椒または一味唐辛子 … お好み

つくり方

1. 手羽先の手羽中部分を半分に切り、熱湯にさっとくぐらせて霜降りにする。

2. 鍋にA、1を入れて強火にかける。沸騰したらアクを取って中火に落とし、水を足しながら1時間ほど炊く。手羽先を取り出し、骨をはずして身をほぐす。

3. 2の鍋のスープをこし、足りなければ水を足して800mlにし、Bを加えひと煮立ちさせる。

4. そうめんを表示時間通りにゆで、氷水で冷やしてざるに上げる。

5. 温めなおした3に4を入れ、1分ほど温めたら器に盛り、2の手羽先の身と青ねぎをのせ、好みで黒胡椒か一味唐辛子をかける。

割烹の知恵

手羽先の先端を切り落とし、手羽中は半分に切って骨から出る旨みを抽出。切り落とした先端部分も捨てずに一緒にゆでましょう。

パラふわに仕上がったなぁ。レタスのシャキシャキした食感と分厚いベーコンが旨い!

レタスチャーハン

材料｜2人前

ごはん … 茶碗3杯分
ブロックベーコン（1cm幅の拍子木切り）
　… 100g
卵 … 1個
レタス（ひと口大にちぎる）… 3枚
A｜酒 … 大さじ1と½
　｜塩 … 小さじ½
　｜こしょう … 小さじ½
　｜鶏がらスープの素 … 大さじ1
しょう油 … 小さじ1
油 … 適量

つくり方

1. 卵はボウルに入れて溶き、ごはんを入れてよく混ぜ合わせる。

2. フライパンに油を熱し、ベーコンを炒める。レタスを加えてさっと炒め、いったん取り出す。

3. フライパンに油を足し、1を入れてパラパラになるまで炒め、混ぜ合わせたAで味をつける。

4. 3に2を戻して全体を混ぜ合わせ、しょう油をたらす。

割烹の知恵

ごはんと卵を混ぜ合わせると、卵のたんぱく質でごはんがコーティングされてくっつきにくくなり、店で食べるようなパラパラの食感に。冷やごはんのほうがうまくいきます。

玉子のふんわり感とまろやかさ。鶏肉の旨みが、絶妙にからみ合ったやさしい味だ。

親子丼

材料 | 1人前

ごはん … 丼にお好みの量
鶏もも肉（P32の処理済みのもの。ひと口大）
　… 1/4枚（80g）
玉ねぎ（薄切り）… 1/8個
卵 … 2個
A｜めんつゆ … 60㎖
　｜水 … 60㎖
　｜砂糖 … 小さじ1
三つ葉 … 適量

つくり方

1. 卵は仕上げ用の卵黄1個をはずし、残りをボウルに割り入れ、溶いておく。

2. 小さめのフライパンにAと玉ねぎと鶏肉を入れて火にかけ、沸騰したら弱火で3〜4分ほど煮る。

3. 2に溶き卵を半量回し入れ、表面が半熟状になったら残りの溶き卵を加えて蓋をする。火を止めて1分蒸らす。

4. 丼にご飯を盛り、3をのせ、三つ葉と卵黄1個をのせる。

卵は、中心から外側へ
円を描くように回し入れると
厚みにムラがなく均一に。
卵は溶きすぎないように気をつけ
2回に分けて入れると、食感の違いが出ます。

割烹の知恵

他は何もいらないごはんと麺の料理

焼きのりと
きのこのパスタ

材料｜2人前

- スパゲッティ（乾麺）… 200g
- 焼きのり（炙ってちぎる）… 5枚
- 舞茸 … 1袋
- しめじ … 1袋
- エリンギ … 1本
- オリーブ油 … 大さじ2
- にんにく（芯を取り、つぶす）… 2かけ
- 塩 … 少々
- 黒胡椒 … ふたつまみ
- A｜しょう油 … 小さじ2
　　赤唐辛子（種を取り輪切り）… 1本
- バター … 30g
- 大葉（千切り）… 5枚

割烹の知恵

のりは、軽く炙ると香りが立ちます。ガスコンロにのりをふわりと叩きつけるようにして一瞬火にふれさせるのがポイント。色もより深く鮮やかに。

つくり方

1. きのこ類はすべて石づきを取り、手でさく。

2. スパゲッティは、塩適量（分量外）を入れたたっぷりの湯で、表示時間通りにゆでる。ゆで汁は取っておく。

3. フライパンにオリーブ油、にんにくを入れて弱火にかけ、香りが立ったらにんにくを取り出す。

4. 3に1を入れて焼きつけるようにして炒め、塩、黒胡椒を振る。

5. きのこに焼き色がついたら、2のゆで汁150mlと、のりを加えて軽く煮詰める。

6. 5に2とAを入れ、全体を手早く混ぜる。器に盛り、大葉をのせる。

のりと大葉、にんにくをバターがまろやかにまとめ上げているなぁ。

> 豆乳ベースで作るから辛さもまろやか。うどんのチョイスも新鮮。

豆乳担々うどん

材料 | 2人前

うどん麺（冷凍麺でも可）… 2玉
合い挽き肉 … 200g
- A
  - 長ねぎ（みじん切り）… 1/2本
  - しょうが（みじん切り）… 1かけ
  - にんにく（みじん切り）… 1かけ
- B
  - 豆板醬 … 小さじ2
  - コチュジャン … 小さじ2
  - しょう油 … 小さじ2

練りごま … 大さじ2
水 … 200ml
- C
  - 鶏がらスープの素 … 大さじ2
  - みそ … 大さじ1
  - 豆乳 … 300ml

ごま油 … 適量
ラー油 … お好み
針ねぎ … 適量

つくり方

1 フライパンにごま油を熱し、合い挽き肉、Aを炒め、Bで味をつける。

2 練りごまは、鍋で水を少しずつ加えながら溶く。同じ鍋にCを入れて全体を混ぜ合わせ、火にかけてスープを作る。

3 うどん麺をゆでて丼に盛り、2のスープをかける。1と針ねぎをのせ、お好みでラー油を回しかける。

> ごま油を熱して香りを立たせ、まろやかな豆乳スープにコクと風味をプラス。ねぎの甘みと辛みも加わって、深みのある味わいがあとを引きます。

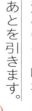

割烹の知恵

他は何もいらないごはんと麺の料理

おわりに

笑顔の「ごちそうさま!」のために…
家庭で使える知恵を伝えていきます。

　たまにうちの台所で料理をしていると、妻から「いつもそんなことをするの?」と、驚かれることがあります。私にすれば、「えっ、何が?」と聞き返すほど、**店で普通にやっていること**。でもそれが、**料理をおいしく格上げするプロの技**なんですね。

　しかし、いざそれをレシピにしようとすると、これがなかなかむずかしい。ふだん何気なくやっているだけに、分量やタイミングを数値化するにはずいぶん頭を抱えました。
　また、こうした家庭の料理を日々作り続けているみなさんのご苦労にも、あらためて頭が下がりました。スタッフのみなさんをはじめ、ご協力いただいた方々への感謝と、家庭料理を見つめなおす機会をいただけたことに、深く感謝を申し上げます。

　私は、一子相伝の「**鯛茶漬け**」が看板メニューの「**割烹よし田**」に生まれ、小さなころから店を継ぐように言われて育ちました。私が店以外で料理をするのは、運動会のお弁当を作るときくらい。でも、その日ばかりは子どもや祖父母、いとこたちによろこんでもらおうと、大きな重箱いっぱいに張り切ってごちそうを詰め込みました。子どもの友だちまでお皿を持ってくるほど人気で、**弾けるみんなの笑顔**は今も忘れられません。
　私が考案する「**家庭割烹**」のレシピは、このときの経験がベースになっています。

　この本で紹介した料理は、ほんのちょっと手間はかかりますが、おいしさを最大限に引き出します。**おいしい料理は、食べる人を笑顔にし、「明日もがんばろう!」という気持ちにさせます。**
　生涯使える「**割烹の知恵**」が板についた日には、もうみなさんにとって**手間は手間でなくなっている**はずです。

　この本をきっかけに、一人でも多くの方にそのよろこびを感じてもらえますように…。
　これからも、プロの視点から家庭料理をかんたんにおいしくする技を、楽しく発信していきたいと思います。

吉田泰三

吉田泰三
Taizo Yoshida

1963年創業の福岡の人気老舗割烹「割烹よし田」の2代目社長。店は看板メニュー「鯛茶漬け」を中心に、地もの食材と職人技が織り成す和食を出す。福岡内外から訪れる客の行列が絶えず、在京・在阪の芸能人や著名人のファンも多い。コロナ禍を機に本格始動したInstagram（@kappou_yoshida）で、「家庭割烹」としてカンタンレシピの投稿を始めたところ、プロの技を気軽に再現でき、かつおいしいと話題になり、瞬く間に人気アカウントに。2025年6月からは、県内の中心都市・天神と博多の2店舗体制となる。

割烹よし田のかんたん家庭ごはん

2025年3月4日　初版発行

著　者／吉田　泰三
発行者／山下　直久
発　行／株式会社KADOKAWA
〒102-8177　東京都千代田区富士見2-13-3
電話0570-002-301（ナビダイヤル）
印刷所／大日本印刷株式会社
製本所／大日本印刷株式会社

本書の無断複製（コピー、スキャン、デジタル化等）並びに無断複製物の譲渡および配信は、著作権法上での例外を除き禁じられています。
また、本書を代行業者等の第三者に依頼して複製する行為は、たとえ個人や家庭内での利用であっても一切認められておりません。

●お問い合わせ
https://www.kadokawa.co.jp/（「お問い合わせ」へお進みください）
※内容によっては、お答えできない場合があります。
※サポートは日本国内のみとさせていただきます。
※Japanese text only

定価はカバーに表示してあります。
©Taizou Yoshida 2025 Printed in Japan
ISBN 978-4-04-684383-8　C0077